Ute & Tilman Michalski

Das hab ich selbst gemacht
Basteln mit Kindern

Ute & Tilman Michalski

Basteln mit Kindern

Ravensburger Buchverlag

Inhalt

Zeichnen
Zauberstab Zeichenstift • 8
Alles Gute, Opa! • 10
Neue Tulpenzucht • 12
Spurensicherung • 14
Freizeitvergnügen • 16
Süße Herzen • 18
Häuptling Tattoo • 20
Hoch oben und tief unten • 22
Eisberg voraus • 24

Malen
Im Farblabor • 28
Versunkene Stadt • 30
Geheimnisvolle
  Schneekönigin • 32
Wolkenkuckucksheim • 34
Ultramarin und Zinnober • 36
Achtung Schwamm! • 38
Unterwassertheater • 40
Nachtvogelzeit • 42
Glitzer-Glas • 44
Wunderbilder • 46
Spiel mit dem Zufall • 48
Türkischer Marmor • 50
Im Regen • 52

Drucken
Es war einmal … • 56
Fernweh • 58
Vor Weihnachten • 60
Auf Erkundungsreise • 62
Erfolgreiche
  Weltraummission • 64

Papierarbeiten
Poch, poch, poch … • 68
Balancekunststück • 70
Drachenwetter • 72
Buntpapier-Schöpfungen • 74
Wolkenbilder • 76
Wintergäste • 78
Hallo, Franz ! • 80
Die Socken sind trocken • 82

Modellieren

Sternenschauer • 86
Frühlingslichtblüten • 88
Am Pont du Gard • 90
Tupfen-Tassen • 92
Frühstück mit Ei • 94
Papiermenagerie • 96
Klitzeklein und
 riesengroß • 98
Licht und Schatten • 100

Metallarbeiten

Kronjuwelen • 124
Ritter Eisenbart • 126
Lichtspielzeug • 128

Steinarbeiten

Sammeln, suchen,
 puzzeln • 132
Eingegipst • 134
Mieter gesucht • 136
Robbenjäger aus
 dem Norden • 138
Flora • 140

Holzarbeiten

Alles einsteigen! • 104
Rotkäppchen • 106
Auf der Schiffswerft • 108
Pension Pieps • 110

Register • 142

Filzen

Bunte Rastalocken • 116
Mondgesicht • 118
Schmetterlingsnacht • 120

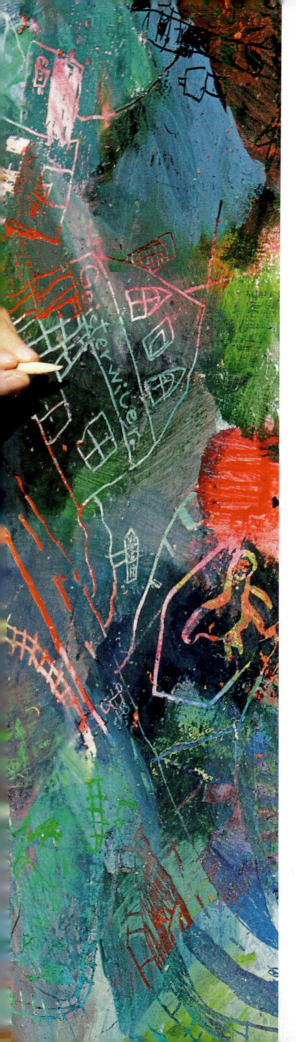

Zeichnen

Bleistift · Farbstift

Filzstift

Ölkreide

Wachsmalkreide

Pastellkreide

Kreide

Tusche

Sgraffito

Zeichnen

„Seeadler" – Simon, 6 Jahre

„Wolf frisst Rotkäppchen" – Sophie, 4 Jahre

Zauberstab Zeichenstift

Bleistifte und Farbstifte gehören zu den ersten gebräuchlichen Werkzeugen, mit welchen der neugierige, junge Forscher seine Abenteuerreisen auf Papier beginnt, um seine Umwelt zu erkunden.

Mit kräftigem oder sanftem Druck setzt das Kind seine Zeichen. Die Unregelmäßigkeit der grafischen Spur des Stiftes lässt die Zeichnung „lebendig" erscheinen. Das kleine Kind füllt seine Binnenformen gerne mit Schraffuren in verschiedenen Lagen neben- oder übereinander. Das Bild bekommt so sein malerisches Moment, es wird „ausgemalt". Im Laufe seiner Entwicklung wird das Kind immer mehr Zeichen zum Strukturieren der verschiedenen Objekte finden.

Bleistift · Farbstift

„Kamelreiter" – Sebastian, 5 Jahre

TIPP
Farbstifte sind auch in wasservermalbarer Ausführung erhältlich. Linien und Flächen lassen sich mit wassergetränktem Pinsel auflösen und nuancenreich mischen.

„Pharao" – Elena, 5 Jahre

Bleistift

Die Bleistiftmine besteht aus Grafit, einer Form natürlichen Kohlenstoffs.
Das erste Grafitvorkommen in England wurde anfangs irrtümlich für Blei gehalten – daher der Name „Bleistift".
Für die Herstellung der Minen wird der bröckelige Grafit pulverisiert, mit Tonmehl versetzt und bei hoher Temperatur gebrannt. Je größer der Tonanteil in einer Mine ist, umso härter wird sie. Damit sie besser gleitet, wird sie anschließend in flüssiges Wachs getaucht.
Die Stifte gibt es in verschiedenen Härtegraden: „H" steht für „hart", „B" steht für „weich" (10 H ist der härteste Stift, 8 B der weichste). Ein mittelweicher Bleistift (Nr. 2 B) ist für kleine Kinder gut geeignet. HB ist gut zum Skizzieren und Zeichnen ab dem Schulalter.

Buntstift

Die Mine besteht aus Farbpigmenten, einem Füllstoff (z. B. Kreide, Talkum oder Kaolin) und einem Bindemittel. Zur besseren Gleitfähigkeit wird – wie beim Bleistift – die Mine in Wachs getaucht. Da die Stifte gerne von kleinen Kindern in den Mund genommen werden, wird heute bei der Herstellung grundsätzlich auf Pigmente mit Schwermetallspuren verzichtet. Die Farbstifte gibt es in verschiedenen Durchmessern, von gewöhnlich 7 mm bis 10 mm, mit entsprechend dicken Minen. Dickere Stifte lassen sich leichter halten und liegen besser in einer Kinderhand.

„Raupe" – Christa, 9 Jahre

TIPP
Vor einem Verwischen der Zeichnung schützt ein Blatt Papier, das unter die Zeichenhand gelegt wird.

„Piraten" – Felix, 7 Jahre

Zeichnen

„Schmetterling" – Chem, 6 Jahre

„Zauberer" – Basti, 5 Jahre

„Katze" – Erkan, 6 Jahre

Alles Gute, Opa!

Zum Geburtstag sollen alle Wünsche in Erfüllung gehen.
Der Zauberer im schönen Mantel hilft dabei.
Einen Regenbogen hat er schon gezaubert!

Filzstift

„Pirat" – Chem, 6 Jahre

„Polizei" – Basti, 5 Jahre

Faserstifte mit ihrer intensiven Farbigkeit und Leuchtkraft ziehen Kinder an.
Sie sind sofort malbereit und die Zeichnung bleibt lebendig, wenn damit nicht nur Vorgezeichnetes aus Malbüchern ausgemalt wird.

Fasermaler (Filzstifte)
Man unterscheidet zwei Sorten:
1. Faserstifte, deren Tinten Lösungsmittel und Harze enthalten, sind so genannte „Marker", wasserfeste Markierstifte zum Beschriften von Glas, Metall und Kunststoff. Erkennbar sind sie am kräftigen Geruch. Für Kinder sind sie nicht geeignet.
2. Faserstifte mit wässrigen Tinten (Farbstoff, Wasser, Glykol) sind wasserlöslich, geruchsneutral und als Schulstifte gebräuchlich.
Für die Jüngsten werden auch Fasermaler auf der Basis von Lebensmittelfarben angeboten. Sie sind auswaschbar, haben dicke Malspitzen oder Doppelspitzen, fein und breit.

MATERIAL
Fasermaler (Filzstifte)
Zeichenpapier

TIPP
Filzstiftzeichnungen sind nicht lichtecht. Textilien mit Filzstiftflecken sollten zum Ausbleichen in die Sonne gelegt werden.

„Kasper"

„Teufel"

„Prinzessin"

„Gute Fee" – Sophie, 5 Jahre

Zeichnen

„Tulpe" – Angelika, 9 Jahre

Neue Tulpenzucht

Unter den Hobbygärtnern ist das „Tulpenfieber" ausgebrochen: Jeder möchte beim diesjährigen Zuchtwettbewerb mit einer neuen Sorte in ungewöhnlichen Farbkombinationen glänzen. Möglichkeiten gibt es ohne Zahl!

Ölkreide

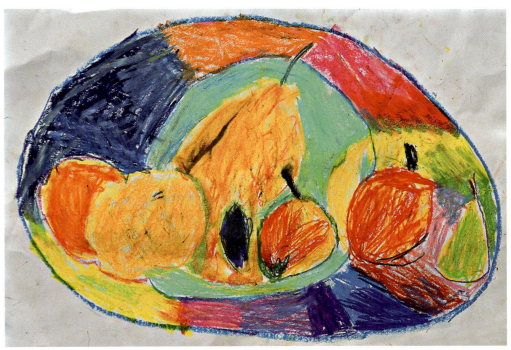

„Obstschale" – Ahmet, 10 Jahre

MATERIAL
Ölpastellkreide („Jaxon")
großformatiges Zeichenpapier
Tonpapier
Packpapier

Ölpastellkreiden sind mit ihrem weichen, satten Farbabrieb ideal für großformatiges Zeichnen. Spontan werden sie aufs Papier gesetzt. Durch Verwischen mit den Fingern oder einem weichen Lappen können die Kreidestriche zusammengezogen und gemischt werden. Auch bei Kreiden mit Weißanteilen (Pastelltöne) ist dieser malerische Effekt durch kräftiges Aufdrücken und Abreiben möglich.

Ölpastellkreiden
Ölpastellkreiden bestehen aus Farbpigmenten, gebunden mit Wachs, Talg, Distel- oder Mohnöl. Sie lassen sich gut mit anderen Farben kombinieren und werden für unterschiedlichste Techniken (z. B. Sgraffito, Absprengtechnik) eingesetzt. Ölpastellkreiden haften gut auf dem Zeichengrund (im Gegensatz zu Pastellkreide!), sind von starker Leuchtkraft und zeigen einen seidigen Glanz. Sie können in Schichten übereinander gemalt werden und sind in einer großen Farbskala erhältlich.
Für Kinder eignen sich Packungen ab 12 Stück, Ø 10 mm oder bruchsicherer mit Ø 18 mm. Ölpastellkreiden mit Metallic-Glanz oder in Leuchtneonfarben sorgen bei Kindern für zusätzlichen Zeichenspaß.

TIPP
Flecken (z. B. zertretene Kreide auf Teppichboden) können mit Terpentinersatz entfernt werden.

„Radfahrer" – Leopold, 8 Jahre

„Föhn" – Karin, 16 Jahre

„Eingeborener" – Anna, 11 Jahre

Zeichnen

„Blätterwald" – Arbeit einer 3. Klasse

Spurensicherung

Mit Wachsmalkreide können schon die Jüngsten lustvoll und großräumig ihre Spuren auf Papier hinterlassen. Durch den harten Abrieb eignen sich diese Stifte besonders für „Frottagen".

Alle festen Gegenstände mit flacher Reliefstruktur können „frottiert", d.h. abgerieben werden, z.B. Blätter, Baumrinde, Holzbrett, Schuhsohle etc.

Zudem wird Wachsmalkreide gerne bei verschiedenen Zeichentechniken benutzt, wie „Sgraffito" (s.S. 22–24), und einer Form von „Papierbatik" (s.S. 34/35).

Wachsmalkreide

„Ente" – Sebastian, 6 Jahre

„Nikoläuse" – Sebastian, 3 Jahre

Wachsmalkreide

Wachsmalkreide besteht aus Farbpigmenten, gebunden mit Montanwachs und Bienenwachs. Sie haftet gut auf vielfältigen Materialien und kann wie Ölkreide in Schichten übereinander gemalt werden.

Erhältlich ist sie in bis zu 24 Farbtönen, in Stiftform $\varnothing$ 8 mm – 12 mm (Riesenwachsmalstifte $\varnothing$ 14,5 mm) und in Blockform.

Frottage

1 Papier auflegen, Banderole vom Malstift entfernen.

2 Papier festhalten und mit Malstift flach darüber reiben. Anschließend das Blatt mit Holzbeize anmalen.

„Clown" – Sebastian, 6 Jahre

MATERIAL
Blätter-Frottage
Wachsmalstifte
 (Wachsmalblöcke)
dünnes Zeichenpapier
bunte Holzbeize

TIPP
Flecken aus Wachsmalkreide werden mit Terpentinersatz entfernt.

Zeichnen

„Mein Lieblingsspiel" – Beni, 10 Jahre

Freizeitvergnügen

Beni spielt am liebsten mit dem „Gameboy" und mag es gruselig. Daniel geht gerne schwimmen und Michael freut sich über seine Mineraliensammlung. Denis zeichnet gerne – auch nach der Natur!

Ohne Anstrengung ist der Abrieb von Pastellkreiden und „leicht" soll auch die Pastellzeichnung wirken. Die Farben werden nebeneinander gesetzt, übereinander ist dies nur begrenzt möglich. Durch Verwischen mit dem Finger oder Pinsel werden Farbflächen zusammengezogen und weichste Farbverläufe ermöglicht. Mit nochmaligem, kräftigem Aufdruck können einzelne Partien verdeutlicht werden.

Kohlezeichnung „Igel" – Felix, 9 Jahre

Pastellkreide

MATERIAL
Pastellkreiden
raues Papier (dunkel)
Pinsel
Fixativ

Das Zeichenpapier für Pastellfarben sollte rau und griffig sein. Statt teurem Velours- oder Ingrespapier können Kinder auch „Zuckertütenpapier" oder raues Packpapier verwenden.
Mittlere bis dunkle Papiertöne eignen sich besser als helle oder weiße.

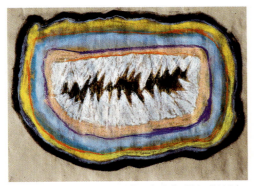

„Achatscheibe" – Michael, 11 Jahre

„Amaryllis im Mosaiktopf" – Denis, 12 Jahre

Pastellkreide

Sie besteht aus reinen Farbpigmenten. Um die Stiftform zu bekommen, wird dem Pigmentpulver nur wenig Bindemittel zugesetzt. Der Abrieb auf dem Papier haftet nur locker durch Adhäsion. Pastellkreiden gibt es in einer großen Farbskala (bis zu 300 Farben). Um die empfindliche Oberfläche der Pastellarbeit zu schützen, kann die Kreideschicht mit einem Sprühfilm (schwach!) fixiert werden.
Fixativ wird FCKW-frei angeboten, gehört aber nicht in Kinderhände (reizt Atmung und Augen!).

TIPP
So kann korrigiert werden: mit dem Pinsel Pigmente lockern, dann vom Papier pusten.

„Beim Baden" – Daniel, 10 Jahre

17

Zeichnen

„Oktoberfestherzen" – Arbeit einer 3. Klasse

Süße Herzen

„Bärli", „Mausi", „Schatzi" – Lebkuchenherzen mit Kosenamen oder spaßigen Bemerkungen in Zuckerguss sind Verkaufsschlager auf dem Oktoberfest. Aus festem Papier wurden sie von Vorschulkindern „nachgebacken" und mit feuchter Zuckerwasserkreide schön verziert.

„Nachtblume" – Sandra, 10 Jahre

Die Haftfähigkeit der farbigen Tafelkreide wird durch Zuckerwasser erreicht, in das die Kreide zuvor getaucht wurde.

Der Kreideabrieb auf dem Papier ist nicht spröde-trocken, wie bei gewöhnlicher Tafelkreide, sondern weich und schmierig.

Kreide

MATERIAL
farbige Wandtafelkreide
Tonkarton
½ Tasse Wasser
1 Teelöffel Puderzucker

„Auf der Straße" – Daniel, 8 Jahre

Puderzucker (leichter löslich als Kristallzucker) wird in Wasser aufgelöst. Tafelkreide (ohne Banderole) wird mit einem Ende etwa 3–5 Sekunden in das Zuckerwasser getaucht.
Dieses Ende verfärbt sich dabei dunkel. Mit der feuchten Kreide wird cremig (pastos) gezeichnet, bis die feuchte, dunkle Stelle abgerieben ist. Dann wird die Kreide erneut ins Zuckerwasser getaucht. Die Kreidezeichnung hellt nach dem Trocknen zur ursprünglichen Kreidefarbe auf.
Von dunklem Tonpapier leuchten die Farben kräftiger als von hellen Papiersorten.

Kreide
Kreide ist ein weiches Kalkgestein, das aus Ablagerungen von Meerestieren entstand (Kreidezeit = Saurierzeit!). Sie wird als Anstrichfarbe und für Grundierungen gebraucht.
Als Tafelkreide wird heute meist Gips, seltener das Sediment Kreide verwendet. Durch Beimengen von Farbpigmenten entsteht bunte Kreide.

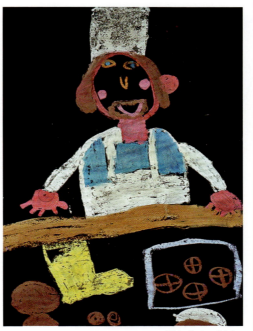

„Bäcker" – Jao, 9 Jahre

REZEPT
Dicke Farbkreide (Straßenkreide) selbst hergestellt:

Eine Pappröhre (Klorolle) auf eine Scheibe Ton oder Knete drücken.
6 Esslöffel Gips und 1½ Esslöffel Farbpigmente trocken mischen und mit 7½ Esslöffel Wasser in einem Plastikbecher verrühren.
Gipsmasse in Papprolle füllen und erstarren lassen. Feuchte Papprolle abreißen und Kreide mehrere Tage trocknen lassen.

TIPP
Mit Zucker verklebte Kreidereste sind nicht mehr zum Zeichnen auf der Wandtafel geeignet – jedoch für weitere Zuckerkreide-Bilder.

19

Zeichnen

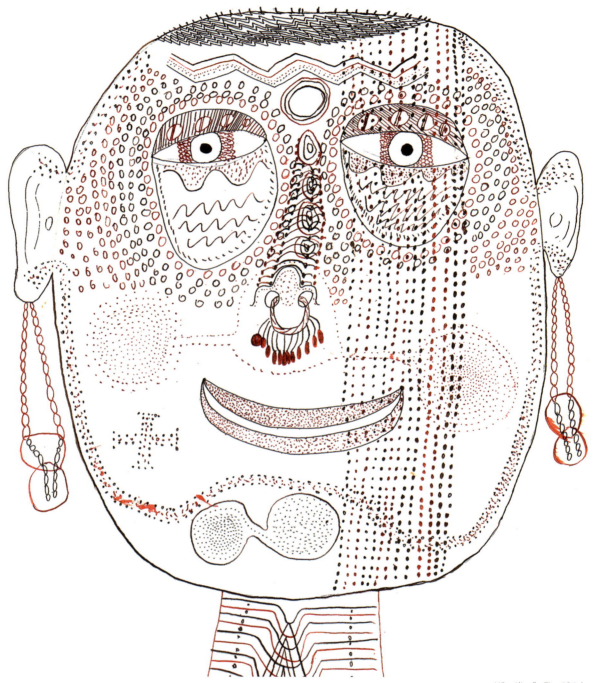

„Häuptling" – Tim, 13 Jahre

„Distel" – Angelika, 14 Jahre

Häuptling Tattoo

Seine Erlebnisse sind auf sein Gesicht geschrieben: Vor vielen Monden kamen Boote über das große Wasser – eines nannte sich „Santa Maria". Sie trugen ein eigenartiges Zeichen auf ihren Segeln. Zur Erinnerung daran ziert es des Häuptlings Wange.

Tusche

„Hund Struppi" – Bernhard, 11 Jahre

MATERIAL
Tusche oder Tinte
Zeichenfeder (Schulfeder)
Federhalter
Bambusrohrfeder
Zeichenpapier
Küchenkrepp

TIPP
Zum Zeichnen mit Stahlfedern kann Tusche oder Tinte in kleinen Gläsern verwendet werden. Dicke Rohrfedern benötigen größere Gefäße, z.B. standsichere Gläser oder Tassen. Die Tusche wird nur fingerbreit eingefüllt und nach jedem Eintauchen am Gefäßrand abgestreift. Von Zeit zu Zeit und nach beendeter Arbeit sollte die Feder mit einem Stück Küchenkrepp gesäubert werden.

Beim Zeichnen mit einer Feder wird der Strich, je nach Druck, mal dicker und mal dünner. Er ist lebendiger und interessanter als ein Strich von gleich bleibender Stärke (z. B. mit Faserstift, Gelschreiber, Tuschefüller). Kinder arbeiten gerne mit den klassischen Zeichenmitteln Tusche und Feder. Mit der robusten Rohrfeder aus Bambus können vor allem die Jüngeren ihre Vorstellungen spontan zu Papier bringen.

Ältere Kinder und Jugendliche bevorzugen meist Stahlfedern. Mit ihnen ist es möglich, auch kleinste Details deutlich zu machen. Zuerst werden grobe Umrisse des Motivs – ohne Einzelheiten – zart mit Bleistift skizziert. Dann wird mit Federstrichen versucht, den Gegenstand mit Struktur und verschiedenen Tonwerten zu füllen. Dazu gibt es viele grafische Möglichkeiten; sie zu finden und zu erfinden ist eine lohnende Aufgabe.

Federn
Das Zeichnen mit einer dünnen Stahlfeder braucht Übung. Kinder arbeiten leichter mit der robusten Schulfeder („Brause"-Feder). Stabile Bambusrohrfedern mit Strichstärken von 8–26 mm lassen kraftvolle, großzügige Striche zu.

Tusche und Tinte
Tusche ist wasserverdünnbar, jedoch nach dem Trocknen wasserfest. Ihre aufgeschlämmten Farbpigmente sind mit Schellack versetzt. Tinte ist eine rein wässrige Lösung synthetischer Farbstoffe. Sie ist nicht wasserfest.

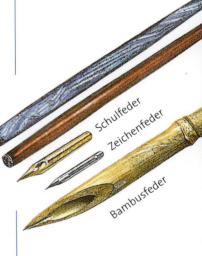

„Rokokofrisur" – Monika, 14 Jahre

„Karussell" – Rita, 11 Jahre

Hoch oben und tief unten

Lange Himmelsleitern führen hoch bis in die Spitze des Baumriesen, vorbei an Häusern mit Landeplätzen für Helikopter und Fesselballone. Tief unten, im blaugrundigen See, durchstreift der Fischkönig seinen Unterwassergarten.

„Der Fischkönig" – Nicola, 12 Jahre

Vom Maler Paul Klee inspiriert, haben die Kinder weiter geträumt und aus einer roten und blauen Tuscheschicht über einem Ölkreidegrund ihre Vorstellungen gekratzt.
Tusche auf Schellackbasis haftet gut auf Öl- und Wachsmalkreiden und kann ohne Zusatz von Seife aufgetragen werden. Sie bildet einen leicht transparenten, lackartigen Überzug.
Dem Kratz- und Schabewerkzeug setzt sie – ähnlich wie Dispersionsfarbe – leichten Widerstand entgegen.

1 Papierfläche mit kräftigen Kreidestrichen in verschiedenen Farben großflächig flecken. Alle Stellen übermalen!

2 Kreidegrund mit Tusche übermalen. Nach dem Trocknen Motiv einkratzen.

Sgraffito

MATERIAL
festes Zeichenpapier oder dünner Zeichenkarton
Ölkreide
Tusche
Pinsel
Kratz- und Schabwerkzeug (Nagel, Vorstecher, Ahle)

„Engel – Ruppert, 12 Jahre

TIPP
Öl- und Wachsmalkreide lassen sich leicht auch von der glatten Oberfläche bronzierten Goldkartons (Plakatkarton) kratzen. Der Goldglanz kommt besonders zur Geltung, wenn über den Goldockerton des Kartons mit kontrastierenden Farben gemalt wird.

REZEPT
So lässt sich farbige Tusche (Schellackseife) herstellen: 10 g Borax in 200 ml heißem Wasser lösen, 30 g gebleichten, zerkleinerten Schellack einstreuen – nicht kochen! Synthetisch-organische Pigmente (wie z.B. Heliogengrün, Permanentrotviolett oder Alkaliblau) anteigen und dazurühren. Die Tusche ist mit Wasser verdünnbar, nach dem Trocknen aber wasserfest!

Zeichnen

„Titanic" – Nima, 9 Jahre

MATERIAL „TITANIC"
kräftiges Zeichenpapier
Ölpastellkreide
Acryl-Dispersionsfarbe
Kratzwerkzeug
(Nagel, Vorstecher)

Eisberg voraus!

Die Warnung kam zu spät! Ein Krachen und Bersten erschüttert das Wunderwerk der Technik, der Luxusliner neigt sich nach Achtern. Nur wenige Rettungsboote können zu Wasser gelassen werden und treiben nun zwischen Klavierflügel und Banknoten in der kalten, nächtlichen See.

Sgraffito ist eine Kratztechnik. Ihre Ursprünge kommen aus der Freskomalerei Italiens (ital. „graffiare" = kratzen).
Ein Sgraffito benötigt zwei verschiedenfarbige Schichten. Aus der Oberschicht werden Konturen oder Flächen gekratzt und damit die darunterliegende, andersfarbige Schicht freigelegt. Öl- und Wachsmalkreiden können in Schichten übereinander gemalt werden, die Oberschicht

Sgraffito

„Krähe" – Franz, 13 Jahre

MATERIAL „OSTEREI"
Zeichenpapier
Deckfarben
Borstenpinsel
weiße Wachsreste
Konservendose
Wasserbad
Pinsel für Wachs
Seife
Kratzwerkzeug

möglichst deckend und dunkel. Mit einem speziellen Plastikschaber ist es einfach, die Oberschicht zu bearbeiten. Statt der zweiten Kreideschicht kann, wie beim „Untergang der Titanic", auch eine Schicht Dispersionsfarbe über den Kreidegrund gemalt werden. Trocken, nicht zu wässrig aufgetragen, perlt sie nicht ab.

Das Einkratzen der getrockneten Farbe erfordert etwas Kraft. Butterweich dagegen kratzt es sich aus der Wachsschicht des Ostereis oder der Rabenkrähe. Bei dem Vogel kommt beim Kratzen das Weiß des Zeichenpapiers wieder zum Vorschein.

Sgraffito „Ei"

1 Wachsreste in Konservendose im Wasserbad schmelzen.

2 Großes Osterei mit Deckfarbe und in zentrischen Kreisen bemalen.

3 Nach dem Trocknen mit flüssigem Wachs bemalen.

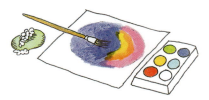

4 Die Wachsschicht mit Deckfarbe, gemischt mit Seife, schäumend übermalen.

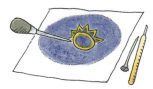

5 Danach das Rosettenmuster einkratzen.

Malen

Wasserfarbe

Deckfarbe

Deckfarbe · Ölkreide

Pulverfarbe

Dispersion

Leuchtfarbe

Holzbeize · Ölkreide

Hinterglasbild

Fließbild

Farbspur

Marmorieren

Batik

Malen

„Farbenmann" – David, 7 Jahre

MATERIAL
Studien-Aquarellfarben in Kunststoffflaschen:
Karminrot + Zinnoberrot
Zitronengelb + Goldgelb
Ultramarin + Preußischblau
gute Haarpinsel mit Spitze
Aquarellblock

Pinsel
Der Haarpinsel wird beim Malen entweder voll und flach oder – bei feinen Linien und Punkten – spitz aufgesetzt.

„Farbenlabor" – Michael, 15 Jahre

Im Farbenlabor

Im Farbenlabor sind der Kreativität keine Grenzen gesetzt: Bei den Versuchen entstehen viele neue, interessante Farbtöne. Die Farbintensität wird durch Zugabe von mehr oder weniger Wasser gesteuert.

Wasserfarbe

Aquarellmalerei

Aquarellmalerei ist eine Lasurtechnik mit dünnem, wässrigem Farbauftrag, bei der die darunterliegende Farbe und der Grund durchschimmern.

Kleine Kinder haben besonders viel Spaß am Spiel der ineinander laufenden Farben auf dem gewässerten Papier. Hierzu wird klares Wasser entweder mit einem Schwamm über das ganze Papierformat verteilt oder nur partienweise aufgebracht. In den gewässerten Partien verteilen sich die Farben.

Erst ältere Kinder können ein Motiv genau planen und umsetzen.

Aquarellfarben

Studien-Aquarellfarben bestehen aus lichtechten, feinstgemahlenen, ungiftigen Mineralpigmenten, gebunden mit Gummiarabikum. Die Grundfarben sind dickflüssig und ergiebig in kleinen Fläschchen erhältlich. Sie können verdünnt in Gläsern oder tropfenweise auf Tellern oder Mischtabletts von Kindern verwendet werden.

„Nixenkind" – Laura, 10 Jahre, Nass-in-Nass-Malerei

„Tukan" – Armin, 13 Jahre

TIPP

Bevor mit der Malerei begonnen wird, wird gut geleimtes, strukturiertes Aquarellpapier mit Abdeckband ringsherum auf einer festen Unterlage fixiert. Erst wenn das Bild fertig und das Papier trocken ist, wird das Abdeckband vorsichtig vom Untergrund abgelöst.

„Indianersommer" – Patrik, 11 Jahre

29

Malen

„Unterwasserstadt" – Lina, 10 Jahre

Versunkene Stadt

Zwischen roten Korallen und weißen Muscheln dämmern Palastvillen mit runden Kuppeln und hohen Fenstern. Fische schwimmen ein und aus und über den Horizont ziehen Dampfschiffe.

„Salamander" – Armin, 10 Jahre

So entsteht die Unterwasserszene: Zuerst mit dünnflüssiger Farbe das Wasser malen, darauf deckend die Häuser.
Auf die Häuser werden Fenster, Türen und Korallen gesetzt, davor schließlich Schnecken und Muscheln.

Deckfarbe

„Die Sonne lacht" – Felix, 5 Jahre

„Selbstporträt" – Bernd, 15 Jahre

Deckfarben

Deckfarben sind Wasserfarben. Sie bestehen aus Farbpigmenten, die mit einem Bindemittel versetzt sind. In Frankreich nennt man sie „Gouachefarben".
Es kann mit ihnen je nach Farbauftrag deckend, halb deckend oder entsprechend dünn auch lasierend gemalt werden (siehe auch „Obstschale", „Die Sonne lacht").
Als Malgrund kann – im Gegensatz zur Aquarellmalerei – farbiges Tonpapier benutzt werden.
Im Handel gibt es Deckfarben pulverförmig, pastos in Tuben (Temperafarben) oder fest in Farbtabletten. Am gebräuchlichsten sind Schulmalkästen mit 12 oder 24 Farbnäpfen und einer Tube Deckweiß.
Für großflächiges Malen eignen sich besonders gut „Tempera-Pucks", Farbtabletten mit bis zu 57 mm Durchmesser und in Stärken von 8 und 19 mm.
In Kunststofftabletts oder einzelnen Farbnäpfen lassen sie sich stapeln und sind unter fließendem Wasser schnell gesäubert.

MATERIAL
Deckfarben (Tempera-Pucks)
langstielige, flache Borstenpinsel
Zeichenpapier, großformatig

TIPP
Wenn Farben ungewollt ineinander fließen: mit Küchenkrepp abtupfen, Pinsel auswaschen, die zu korrigierende Stelle mit klarem Wasser tränken. Pinsel nochmals auswaschen und dann an einem Stück Küchenkrepp trocken streifen. Mit dem trockenen Pinsel Wasser und Farbe von der Korrekturstelle „aufsaugen". Diese Stelle trocknen lassen und neu bemalen.

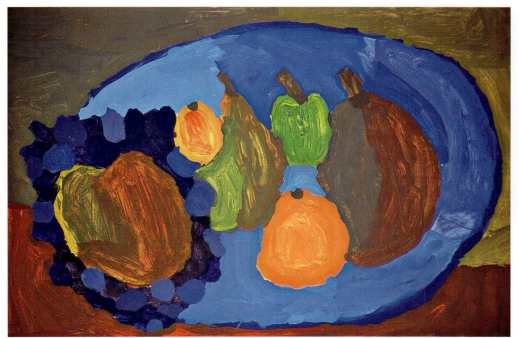

„Obstschale" – Achmed, 10 Jahre

„Herbstbaum" – Leo, 6 Jahre

Malen

"Schneekönigin" – Viola, 10 Jahre

"Wunderblume" – Lars, 8 Jahre

Geheimnisvolle Schneekönigin

Sie ist mit Juwelen aus Eiskristallen geschmückt. Eiskalt ist ihr Händchen und wahrscheinlich ebenso ihr Herz. Ihre Wangen sind blaurot gefroren und bezwingend grün ist ihr Blick – doch ihre Lippen umspielt ein schmelzendes Lächeln!

Das Porträt der Schneekönigin wurde in „kalten" Farben gemalt, bei der „Wunderblume" nebenan wurden „warme" Rottöne gemischt.

Kinder mögen Malaufgaben mit Spielregeln. Durch die Farbreduzierung werden sie zur Farbdifferenzierung geführt.

Deckfarbe

"Schneeräumer" – Max, 8 Jahre

"Fleckerlteppich" – Sandra, 6 Jahre

MATERIAL
große Papierformate
langstielige, breite Flachpinsel
große Farbpucks

Für die Blattaufteilung gilt:
Das Thema, das Wichtigste, ist groß darzustellen. Mit Pinsel, klarem Wasser und einem Hauch von Farbe können die Umrisse in groben Zügen auf dem Papier festgelegt werden.
Eine Vorzeichnung mit Bleistift ist beim freien, großflächigen Malen überflüssig.
Die Farbe wird mit den kräftigen Pinselborsten und wenig Wasser von den Farbpucks gelöst und verhältnismäßig trocken auf das Papier gebracht.
Nach dem Trocknen können weitere Farben darüber aufgetragen werden.

Das Übermalen sollte zügig geschehen, damit die Untergrundfarbe nicht gelöst wird und sich mit der Deckfarbe vermischt.

"Kastanien" – Jan, 6 Jahre

TIPP
Zum Bemalen größerer Flächen eignen sich auch Deckfarben in dickflüssiger Form. Als preisgünstige „Schultemperafarben" sind sie in Flaschen erhältlich. Für kleinere Kinder wurden Fingerfarben entwickelt, die – um Unfällen vorzubeugen – einen Bitterstoff enthalten. Sie können mit Pinsel oder Schwamm vermalt werden.

"Strandmöwe" – Robert, 14 Jahre

Verschiedene Anwendung des Borstenpinsels: entweder mit seiner Breit- oder Schmalseite.

33

Malen

„Wolkenschloss" – Wolfgang, 10 Jahre

Wolkenkuckucksheim

Die Architektur-Ausschreibung für den Wohnkomplex lautet: „Ein neues Schloss für den Märchenkönig". Der Entwurf soll ausgeführt werden in Ölkreide und Deckfarbe auf schwarzem Fotokarton, mit einem Himmel in Weiß und Blau.

Diese Technik eignet sich besonders zur nachträglichen malerischen Gestaltung des Hintergrunds: Wasserfarbe perlt von den Kreidestrichen ab und die Zeichnung bleibt deutlich sichtbar.

Deckfarbe · Ölkreide

„Der große Fisch träumt vom Fliegen" – Carolin, 8 Jahre

„Straßenkehrer im Nebel" – Julian, 7 Jahre

„Geisterbahn" – Florian, 9 Jahre

MATERIAL
Ölkreide
Deckfarben
Zeichenpapier
(Tonpapier, Fotokarton)
dicker Pinsel

1 Mit Ölkreide zuerst die Konturen und Strukturen zeichnen und ebenfalls die Flächen füllen. Die Zeichnung mit kräftigen Kreidestrichen auf das Papier setzen.

2 Mit dickem Pinsel und Wasserfarbe übermalen oder großzügig ummalen. Die Deckfarben mit viel Wasser auftragen. Beimischungen von Deckweiß vermeiden!

TIPP
Farbige Wassertropfen, die auf dem Ölkreidegrund stehen bleiben, können mit Küchenkrepp abgetupft werden.

„Unterwegs zum Wiesenfest" – Lukas, 8 Jahre

35

Malen

Stillleben – Phillip, 15 Jahre

Ultramarin und Zinnoberrot

Früher wurden Farben aus bunten Erden, verkohltem Holz, tierischen oder pflanzlichen Stoffen hergestellt. Besonders haltbar und leuchtend waren jedoch Farbpigmente aus Mineralien. Sie konnten nur durch komplizierte Verfahren gewonnen werden – und deshalb war manche Farbe kostbarer als Gold.

Eine der teuersten Farben war bis zum 18. Jahrhundert das Ultramarinblau. Ultramarin (lat. „über die Meere") wurde aus dem Halbedelstein Lapislazuli gewonnen, der per Schiff aus Afghanistan kam. Das leuchtende Zinnoberrot – hergestellt aus Schwefel-Quecksilber – kam vor allem aus Spanien, wurde aber bereits im Altertum in China verwendet.
In Malerwerkstätten rieben Gehilfen die Farbpigmente für den jeweiligen Gebrauch mit Bindemitteln in kleinen Mengen an.

Pulverfarbe

Die Bindemittel wurden aus Baumharz, Bienenwachs, Nuss- oder Leinöl, Kasein oder Eiern hergestellt. Sie fixierten das Pigmentpulver auf dem Malgrund. Mit entsprechenden Lösungsmitteln (Wasser, Öl, Firnis) konnten die Farben verdünnt werden.

Seit der Mitte des 19. Jahrhunderts werden Farbstoffe synthetisch und kostengünstig hergestellt; damit erhöhte sich die Anzahl der verfügbaren Farben. Zu den (oft schnell verderblichen) alten Bindemitteln kamen Acryldispersionen, wie z. B. Caparol oder Plextol.

Mit dem Spiel der Farben, die nach alten Rezepturen aufbereitet werden, öffnet sich ein Fenster in vergangene Malepochen. Zum Ausprobieren genügen drei Grundfarben und die Farbe Weiß, dazu ein alter Teller als Mischpalette. Pigmente in kleinen Mengen werden zuerst mit dem Bindemittel angeteigt, dann mit dem Lösungsmittel verdünnt.

Stillleben – Jan, 15 Jahre

Pigmente

Die von Künstlern verwendeten Pigmente sind organische oder anorganische Farbteilchen, die sich im Gegensatz zu den Farbstoffen (Tinte, Beize usw.), die zum Färben verwendet werden, nicht auflösen.

1. REZEPT:
1 Eigelb
1 Teelöffel Pigment

Mit Holzspatel glatt verrühren – nach und nach Wasser dazugeben, bis die Farbe gut verstreichbar ist.

2. REZEPT:
1 Esslöffel Kleister
1 Esslöffel Pigment

Mit Holzspatel glatt verrühren – nach und nach Wasser dazugeben, bis die Farbe gut verstreichbar ist.

3. REZEPT:
Ein Ei mit Farbpigmenten verrühren, Öl dazugeben (ergibt Ölfarbe) – nach und nach mit Wasser verdünnen (ergibt Eitemperafarbe).

Stillleben – Michael, 16 Jahre

„Farbschnecke" – Steffi, 15 Jahre

MATERIAL
Pulverfarben
Holzspatel
alter Teller
Löffel
Ei, Kleister
Öl, Wasser

Malen

„Wurfwand" – 4. Klasse

Achtung, Schwamm!

Die Clownmutter und ihre Kinder sind nicht wasserscheu. Beim sommerlichen Zirkusfest stellen sie sich lachend den feuchten Wurfgeschossen.

TIPP
Große Plastikbecher, gefüllt mit Farbe, kann man sturzsicher in leeren, umgedrehten Bierträgern abstellen. Unter Alufolie bleibt die Farbe frisch.

MATERIAL
Dispersionsfarbe
breite Borstenpinsel

„Leopard" – Thorsten, 10 Jahre

Die Kinder haben die Wurfwand aus Schalungsbrettern, ebenso wie die gelbe Raubkatze, mit wetter- und wasserfesten Dispersionsfarben gemalt.
Zum Malen mit mehreren Kindern wird etwas Farbe aus der Flasche in ein Gefäß (Plastikbecher) gegossen.
Durch Zugabe anderer Farben werden Mischtöne erzeugt.

Dispersion

Für jede Farbe wird ein anderer Pinsel verwendet. Zum Abschluss der Malaktion müssen diese gut ausgewaschen werden, da sie sonst hart verkleben.

Die wasserverdünnbaren, lösungsmittelfreien Anstrichfarben sind gesundheitlich unbedenklich.

Sie können zum Bemalen großer Flächen, für wasserfeste Bemalungen und Grundierungen (s.S. 96–101) verwendet werden.

Die Farben lassen sich auch ohne Zugabe von Wasser leicht verstreichen und haften gut auf verschiedenen Materialien (Holz, Stoff, Stein, Blech, Ton usw.).

Als moderne Künstlerfarben werden sie als „Acrylfarben" in Tuben, Töpfen und Flaschen angeboten.

Acryldispersion

Ihre Farbpigmente werden nicht durch Emulsionen gebunden, sondern durch Kunststoffteilchen, die in feinster Form verteilt (dispergiert) sind.

Mikroskopisch klein bilden sie das elastische Bindemittel zwischen Pigment und Wasser. Sie trocknen zu einem wasserfesten Film.

„Spiegelbild beim Kämmen" auf Folienpapier gemalt – Thomas, 9 Jahre

„Eispalast", übermalt mit Kleister, Glimmer aufgestreut
Alexander, 6 Jahre

TIPP

In lauwarmem Wasser löst sich Dispersionsfarbe leicht von der Haut. Aus Textilien sollte feuchte Farbe sofort ausgewaschen werden!

„Pilze", Wandmalerei – Gemeinschaftsarbeit einer 3. Klasse

Malen

„Im Korallenwald", Theaterprojekt 7./8. Klasse

Unterwassertheater

Im Kabarett „Tiefsee" ist heute buntes Meeresleuchten! Dann zaubert der Zackenbarsch und ein Oktopus jongliert mit Seesternen, Quallen wallen zu Walzerklängen und Röhrenaale tauchen im Takt.

„Seeanemonen"

Fluoreszierende Farben zeigen in Verbindung mit „Schwarzlicht" (ultraviolettes Licht) eine verblüffende Wirkung. Bei UV-Licht, in einem abgedunkelten Raum, leuchten sie hell und strahlend und ziehen die Blicke auf sich. Dagegen sind normale Malfarben nur schemenhaft wahrzunehmen.
Das UV-Licht wird von der Farbe Schwarz vollkommen geschluckt.

40

Leuchtfarbe

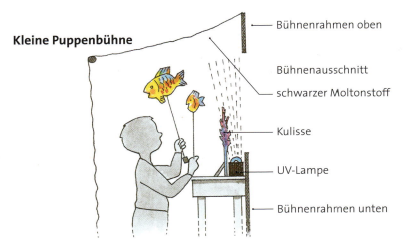

Kleine Puppenbühne
- Bühnenrahmen oben
- Bühnenausschnitt
- schwarzer Moltonstoff
- Kulisse
- UV-Lampe
- Bühnenrahmen unten

Das „Schwarze Theater" nutzt diesen Effekt und spielt mit der verminderten Wahrnehmung seines Publikums.
In der schwarz ausgekleideten Bühne bewegen sich alle Spielfiguren wie von Zauberhand, denn sie werden von schwarz vermummten Spielern mit schwarzen Handschuhen an schwarz angemalten Stäben oder Drähten geführt. Im UV-Licht werden nur die farbig bemalten Spielfiguren oder Kulissen sichtbar, alles Schwarze bleibt für die Zuschaueraugen unsichtbar.

Bei einer kleinen Puppenbühne kann von allen Seiten gespielt werden, wobei der Spieler, der von unten seine Figuren führt, auf schwarze Kleidung verzichten kann.
Bei der Bemalung von Figuren und Kulissen sollten die Leuchtfarben sparsam eingesetzt werden. Durch Verdünnen, Mischen untereinander oder mit Deckfarben können viele unterschiedliche Farbwirkungen entstehen.
Die Leuchtfarben sind in Tuben, Gläsern und Flaschen als Acryl- und Temperafarbe erhältlich.

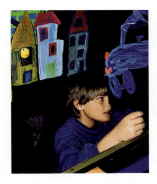

„Das kleine Gespenst", Theaterprojekt 4. Klasse

MATERIAL
Spielfiguren und Kulissen:
Leuchtfarben
schwarze Dispersionsfarbe
Pinsel
schwarzer Karton (und andere Materialien)
Holz- und Drahtstäbe

Bühne:
UV-Licht (Leuchtstoffröhre mit Halterung)
schwarzer Moltonstoff (Deko-Bedarf)
schwarze Kleidung

„Raumschiff Enterprise", Faschingsdekoration – 8. Klasse

Malen

„Nachtvogel" – Maxi, 8 Jahre

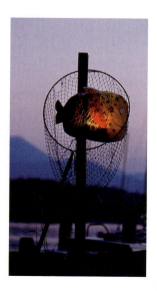

Nachtvogelzeit

Ein leuchtender Fisch und ein gelber Nachtvogel sind an milden Sommerabenden unterwegs: der Fisch als Lampion, der Vogel auf einer Kastenlaterne. Für die Kastenlaterne wurde von einem deckellosen Karton eine Wandfläche abgetrennt.

Vogel und Fisch sind mit Ölkreide auf lichtdurchlässiges Zeichenpapier gezeichnet und anschließend mit breitem Pinsel und Holzbeize ausgemalt worden.
Da der Farbstoff in der Beize rückstandsfrei aufgelöst ist, eignet sich diese Technik besonders gut zur Gestaltung individueller Leuchtobjekte oder für Fensterbilder (s. „Herbstblatt").

Holzbeize · Ölkreide

„Herbstblatt" – Hamid, 7 Jahre

„Falter" – Nadin, 8 Jahre

MATERIAL „FISCH"
2 Bogen dünnes
   Zeichenpapier
   (35 x 60 cm)
Holzbeize, flüssig
Ölkreide
dicker Pinsel
Obstschale (Plastik)
Kleber
Klebeband, transparent
Doppelklebeband
Kerze / Teelicht
Laternenbügel

Fischlampion

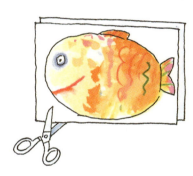

1 Fischform doppelt ausschneiden. Beide Formen entgegengesetzt auslegen. Fische erst mit Ölkreiden, dann mit Beize bemalen.

2 Nach dem Trocknen Fische breitrandig (oben eine Öffnung aussparen!) zusammenkleben.

TIPP
So kann die Lampionkerze befestigt werden: Teelicht anzünden und das Wachs etwas schmelzen lassen. Flamme löschen, Kerze ins flüssige Wachs drücken. Ist das flüssige Wachs erstarrt, Doppelklebeband auf den Aluboden des Teelichts kleben. Beschichtung entfernen und die Klebefläche in die Obstschale drücken.

3 Durch die Öffnung transparente Schale (Obst- oder Gemüseverpackung) mit Kerze schieben und an den Innenseiten des Lampions mit transparentem Klebeband fixieren.

„Fisch" – Dennis, 9 Jahre

43

Malen

Hinterglasbilder sind uns aus der Volkskunst bekannt, als Votivbilder mit Schutzpatronen und Heiligenfiguren. Die Maler des „Blauen Reiters", wie Wassily Kandinsky und Gabriele Münter, haben sich davon inspirieren lassen und die Technik für Neuschöpfungen wieder entdeckt.

„Kolumbianischer Falter" – Marcello, 11 Jahre

Glitzer-Glas

Schillernde Falter, funkelnde Sterne und glänzende Fische werden durch wechselnden Lichteinfall lebendig. Die Farbschicht der Hinterglasmalerei wird teilweise abgekratzt, dann mit Alufolie oder Folienpapier unterlegt.

Hinterglasbild

MATERIAL
Fotorahmen
Zeichenpapier
Bleistift
Permanent-Faserstift (schwarz, 2 mm Strichstärke)
Dispersionsfarben
Pinsel
Alufolie
buntes Folienpapier (z.B. Bonbonpapier)
Kleber

TIPP
Glasscheibe, Holzrahmen und Hintergrundpappe sind als Fotorahmen erhältlich. Statt Dispersionsfarben können auch Acryl-, Plaka-, Tempera- oder Deckfarben verwendet werden.

1 Den Fotorahmen auseinander nehmen und in Glasscheibengröße eine Zeichnung anfertigen. Glasscheibe über die Zeichnung legen und mit wasserfestem Filzstift die Konturen nachfahren.

2 Nach dem Trocknen der Linien das Motiv mit Dispersionsfarben ausmalen. Der Farbauftrag darf nicht zu dünnflüssig sein!

3 Die Hintergrundpappe mit geknüllten Folienstücken bekleben. Aus der trockenen Farbschicht mit dem Pinselstiel verschiedene Partien kratzen.
Das Glas mit der bemalten Seite nach unten auf die Folienpappe drücken und beides in den Rahmen einsetzen. Das Motiv erscheint seitenverkehrt!

„Im Land des Blauen Reiters" – Stephanie, 12 Jahre

„Hl. Katharina" – Katharina, 11 Jahre

„Fisch" – Alex, 9 Jahre

45

Malen

"Feuerwerk" – Guiliano, 13 Jahre

Wunderbilder

"Musterbilder für Freunde des Schönen" nannte der Chemiker Ferdinand Runge vor hundertfünfzig Jahren seine Farbversuche mit chemischen Lösungen. Er tropfte die Flüssigkeiten in unterschiedlichen Mengen und Reihenfolgen auf Fließpapier und beobachtete die dabei entstehenden Farben und Formen.

Wir zaubern uns "Bilder, die sich selber malen" mit Wasser und kleinsten Mengen von buntem Holzbeizenpulver. Damit sich das Wasser mit dem Farbstoff gleichmäßig verteilen kann, darf das Papier nicht aufliegen. Es muss auf einen Rahmen gespannt werden. Aus gleichlangen Vierkantleisten (3 x 3 cm) wird er schnell hergestellt.

"Runge-Bilder" – Sulfate, getropft

46

Fließbilder

MATERIAL
saugfähiges Papier (Filtertüten, Batik-, Japanpapier)
Holzbeizepulver, wasserlöslich (oder Lebensmittelfarbe in Tablettenform)
4 Vierkanthölzer, 3 x 3 cm
Abdeckband
Reißnägel
Schere
spitzes Messer
Pipette
Wasser

1 Vierkanthölzer zu einem Quadrat legen und Ecken mit Abdeckband verbinden. Ober- und Unterseite des Rahmens mit dem Band bekleben und die Ecken sichern.

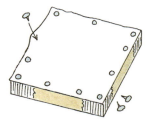

2 Papier in Rahmengröße schneiden und mit Reißnägeln auf dem Rahmen fixieren.

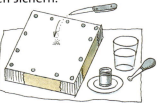

3 Mit der Messerspitze etwas Holzbeizenpulver aufnehmen und in die Mitte des Papiers streuen.

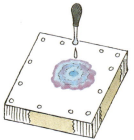

4 Mit einer Pipette Wasser aufnehmen und auf das Pulver tropfen. Bevor der nächste Tropfen folgt, muss das Wasser vom Papier aufgesaugt sein!

ACHTUNG
Holzbeize färbt ab! Arbeitsplatz abdecken und Kleidung schützen. Pulver nicht verblasen (Luftzug!). Zum Arbeiten das Pulver aus den Tütchen in verschließbare Behältnisse (z. B. Filmdöschen, kleines Marmeladenglas) umfüllen.

5 Mit Öltropfen können „Fließsperren" gesetzt werden. Im Abstand neu aufgestreute Pulverbrösel sorgen für weitere Farbüberraschungen.

47

Malen

TIPP
Ähnliche Spuren wie die Murmeln hinterlassen Kartonstreifen, die man durch eine farbige Kleisterschicht (Kleister mit Holzbeize) zieht. Dünnes Papier, ebenfalls mit Holzbeize gefärbt, dient als Untergrund. Diese Art des Kleisterpapiers eignet sich gut für Laternen.

Spiel mit dem Zufall

„Unvorhergesehene, verworrene, unbestimmte Dinge" regten schon Leonardo da Vinci zu Erfindungen an und oft sind es Zufälle, von denen Künstler ihre Inspirationen erhalten. Ob Blasspur oder Murmelspur – ihr Verlauf ist nur bedingt steuerbar.

Farbspur

„Pusteblumen" – Philipp, 14 Jahre

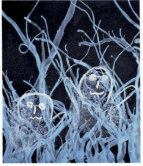

„Erlkönigs Töchter"
Kathrin, 15 Jahre

MATERIAL „PUSTEBLUME"
flüssige Farbe (Tinte, Tusche, Holzbeize, Lebensmittelfarbe, Wasserfarbe)
Trinkhalm
Zeichenpapier, wenig saugfähig
Pipette oder Pinsel

Pusteblumen

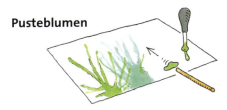 

1 Mit der Pipette verschiedene Grüntöne nacheinander an den unteren Blattrand tropfen. Die Tropfen nach oben verblasen und die Spuren trocknen lassen.

2 Blütenfarben über die Stängel tropfen und nach allen Richtungen verblasen.

TIPP
So bekommt die Blüte ihre Blütenblätter: Tropfen mit Trinkhalm sternförmig auseinander ziehen, dann von der Mitte aus die Zacken weiterpusten.

Spuren von großer Murmel

Murmelbilder

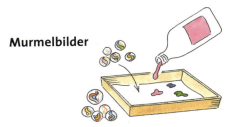 

1 Papier in Schachteldeckel legen und 8–10 Farbflecken fingernagelgroß auftropfen. Glasmurmeln (2–20 Stück) hineinlegen.

2 Deckel bewegen (schwingen, kreisen, wackeln oder auf dem Tisch hin und her schieben).

MATERIAL „MURMELBILDER"
Transparentfarben von Fa. „Cromar"
Schachteldeckel
Zeichenpapier (etwas kleiner als der Deckel)
Glasmurmeln

49

Malen

Marmorpapier
Blumenmuster (mit kleinen Nagelstiften im Korken aufgeträufelt)

Marmorpapier
Muster gleichmäßig aufgeträufelt und verzogen

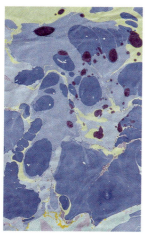

Öltunkpapier

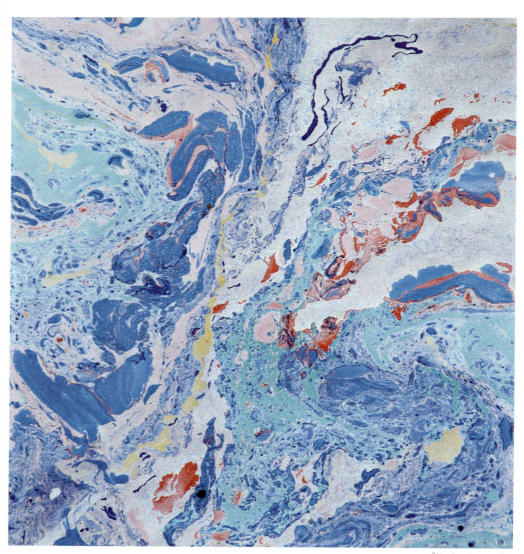

Öltunkpapier, verrührt

Türkischer Marmor

Die Schmuckpapiertechnik des Marmorierens entstand in Asien und kam über Persien und die Türkei nach Mitteleuropa. In vergangenen Zeiten wurde sie bei der Buchherstellung für das Vorsatz- oder Einbandpapier verwendet.

„Landkarte", Öltunkpapier – Ralph, 9 Jahre

Später regte diese dekorative Technik die Art-déco-Künstler der Wiener Schule zu neuen Kreationen an. Was auch Kinder heute noch begeistert, ist das Experimentieren, die Überraschung und Freude beim Ausprobieren.

Marmorieren

Öltunkpapier

Eine besondere Art von Schmuckpapier – das „Öltunkpapier" – entsteht, wenn man Ölfarbe auf die Wasseroberfläche tropft und dann mit einem Blatt Papier abnimmt.

Die getropfte Ölfarbe breitet sich auf dem Wasser aus, wird von weiteren getropften Farben verdrängt und zu Schlieren und Flecken verändert, bis die Wasseroberfläche gesättigt ist (Farbtropfen sinken auf den Grund!).

Nach Abnahme des Farbenfilms wird das Papier zum Trocknen gelegt. Mit Fantasie im Blick und ein paar Strichen kann sich das marmorierte Muster z. B. in eine Landkarte verwandeln. Farbreste werden von der Wasseroberfläche mit einem Bogen Zeitungspapier abgenommen.

Marmorpapier (auf Kleister)

1 Kleister ansetzen und über Nacht stehen lassen. Ca. 2 cm Ölfarbe mit einem Löffel Terpentin verrühren und auflösen.

3 Farbtropfen gleichmäßig oder in freien Kreisen und Schleifen verziehen.

5 Papierbogen vom Kleistergrund abziehen und mit eingefärbter Seite nach oben auf ein mit Kunststoff beschichtetes Brett legen.

Marmorpapier, frei verzogen

2 Blasenfreien Kleister etwa 2–3 cm hoch in eine Wanne füllen. Flüssige Ölfarbe mit Schaschlikholz aufträufeln.

4 Papier diagonal an zwei Ecken fassen. Mit durchhängender Mitte zuerst auf den Kleistergrund legen.

6 Mit einem Schwamm sanft unter dünnem Wasserstrahl die Kleisterreste abwaschen. Schmuckpapier zum Trocknen legen.

Marmorpapier

Muster ungleichmäßig aufgeträufelt

MATERIAL „ÖLTUNKPAPIER"
Künstlerölfarbe
Schraubengläser
Terpentinöl
  (oder Terpentinersatz)
Schaschlikhölzer
flache Wanne (Fotoschale,
  altes Backblech)
Papier

zusätzlich für „MARMORPAPIER"
festes Papier
Schwamm
Kleister
fließendes Wasser (Brause)
beschichtetes Brett

TIPP

Terpentinöl (aus Kieferbalsam gewonnen) und Terpentinersatz (als Lösungsmittel aus Steinkohle gewonnen) sind „flüchtige Öle". Zum Abzug ihrer Dämpfe muss in geschlossenen Räumen gelüftet werden! Beide sind leicht entflammbar.

Fertige Marmorierfarbe, wasserlöslich, mit organischen Lösungsmitteln ist in kleinen Gläsern erhältlich.

Malen

MATERIAL „TROPFBATIK"
Zeichenpapier
Ölmalkreide
weiße Kerze
Wasserfarbe oder
   Holzbeize

„Im Regen" – Franzi, 9 Jahre

„Im Regen" – Phillip, 9 Jahre

Im Regen

Franzi ist gut gelaunt bei jedem Wetter mit Schirm und Zipfelmütze unterwegs. Auch Kater Carlo pirscht durch den Spätsommergarten, ein paar Regentropfen können ihn dabei nicht stören.

Batik

Die Regentropfen aus transparentem Wachs werden bei beiden Bildern erst sichtbar, wenn Farbe ins Spiel kommt.

Tropfbatik auf Papier
Mit einer weißen Kerze werden Wachstropfen auf dem Papier verteilt und mit dünnflüssiger Farbe übermalt. Ist die Farbe trocken, wird das Wachs auf der Papieroberfläche durch Biegen des Papiers abgesprengt.
Weiße Tropfenabbildungen bleiben zurück: Hier wurde das Papier durch Wachs von Farbe frei gehalten („reserviert").

Batik
In Asien wird seit Jahrhunderten die Färbetechnik durch „Reserve" bei Stoffen angewandt.

Außer mit heißem Wachs, das mit einem Metallkännchen (Tjanting) aufgebracht wird, deckt man den Stoff und die Farben durch Abbinden, Abnähen oder Bemalen mit einer Reispaste ab. Die Stoffe durchlaufen dabei von hell nach dunkel mehrere Farbbäder.
Vor jedem Bad wird der Stoff „reserviert" und erhält dadurch seine mehrfarbigen Muster.

Stoffbatik mit Gutta
Gutta ist eine Reservierpaste aus Kautschuk, mit der auch Kinder Seidenstoffe problemlos bearbeiten können.

MATERIAL „STOFFBATIK MIT GUTTA"
Seidentuch 28 x 28 cm
Seidenmalfarben
Gutta-Konturenmittel, farblos
Holzrahmen (s. S. 47)
Reißnägel
Pinsel

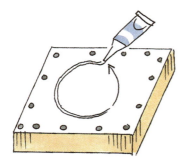

1 Seidentuch auf einen Rahmen spannen. Mit Konturenmittel das Motiv zeichnen (Linien schließen!) und trocknen lassen.

2 Farbflächen ausmalen. Stoff trocknen lassen und vom Rahmen nehmen. Gutta mit warmem Wasser auswaschen. Seidenmalfarben durch Bügeln fixieren.

„Selbstporträt" – Luisa, 10 Jahre

„Königin der Farben" – Gemeinschaftsarbeit, 4. Klasse

„Vase" – Vanessa, 9 Jahre

Drucken

Monotypie

Stempel

Linolschnitt

Kartonarbeiten

„Märchenkönig" – Florian, 11 Jahre

Es war einmal ...

König Ludwig II. liebte Musik und die Sagen des Mittelalters, doch seine große Leidenschaft gehörte der Baukunst. Mit modernsten technischen Mitteln ließ er am Alpenrand Märchenschlösser im Stil vergangener Zeiten bauen.

Monotypie

„Selbstporträt" – Sylvia, 14 Jahre

„Selbstporträt" – Michael, 14 Jahre

„Blumenzwiebel" – Leo, 12 Jahre

MATERIAL
Glasplatte
  (oder Plastikplatte)
Farbwalze
Linoldruck-Wasserfarbe
Zeichenpapier
Bleistift

Die linearen Schwarz-Weiß-Zeichnungen zeigen einen fasrigen Strich und Flächen in unterschiedlichen Grautönen. Dies ist ein Charakteristikum der Monotypie.

Monotypie
heißt der einzelne Abdruck von einer eingefärbten Platte. Er lässt sich nicht wiederholen. Da Druckfarbe auf Wasserbasis schnell trocknet, muss das auf die eingewalzte Platte gelegte Papier rasch bearbeitet werden. Am besten spontan und ohne Vorzeichnung! Ältere Kinder fühlen sich aber sicherer, wenn sie das Motiv auf der Rückseite des Papiers vorskizzieren.

Beim Arbeiten auf der Platte sollte die Zeichenhand nicht aufliegen, da sonst ungewollte Abdrücke entstehen. Durch leichtes Wischen mit dem Finger können aber bewusst Akzente oder Grauflächen gesetzt werden.

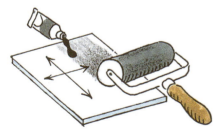

1 Farbe zügig dünn und gleichmäßig auswalzen.

2 Papier mit leicht vorskizziertem Motiv auflegen. Die Zeichnung nachzeichnen und mit Einzelheiten ausschmücken.

3 Papier abziehen und gut trocknen lassen.

TIPP
Mit angefeuchtetem Papier und einer sauberen Walze kann die auf der Platte verbliebene Negativzeichnung zusätzlich abgenommen werden.

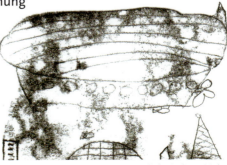

„Zeppelin" – Andreas, 9 Jahre

Drucken

„Fliegender Teppich" – Serkan, 9 Jahre

MATERIAL „KARTOFFELSTEMPEL"
Kartoffel
Obstmesser
Küchenbrett
Deckfarbe
Pinsel
Zeichenpapier
Moosgummistempel

MATERIAL „MOOSGUMMI"
Moosgummi
Bleistift
spitze Schere
Doppelklebeband
Holzstück
Farbwalze
Druckfarbe
   (oder Stempelkissen)

„Palast" – Andreas, 10 Jahre

Fernweh

Auf und davon und ganz weit weg – mit einem fliegenden Teppich wird der Wunschtraum wahr! Als Startplatz ist ein Flachdach günstig; weise Baumeister berücksichtigen das bei der Planung von Palastbauten.

„Pizza-Party", Papiertischtuch – 8. Klasse

Das Teppichmuster und die Mauerstruktur des Palasts sind mit Kartoffelstempeln gedruckt. Die wechselnde Farbintensität des unregelmäßigen Abdrucks macht den Reiz dieser Technik aus.

58

Stempel

Kartoffelstempel

Die Herstellung eines Stempels ist nicht schwer. Kinder sollten aber – wegen der Verletzungsgefahr – etwas Übung im Umgang mit einem Obstmesser haben. Ob streng geometrische oder freie Formen, wichtig ist, dass die Stempelfläche plan ist und sich der Stempel gut fassen lässt.

Moosgummistempel

Das Motiv mit weichem Bleistift auf Moosgummi zeichnen und mit spitzer Schere ausschneiden. Mit einem Stück Doppelklebeband auf einem Holzstück (möglichst in gleicher Größe, wenig Überstand!) befestigen. Den Druckstock mit Druckfarben einwalzen (s. Linoldruck, S. 61).

„Unter Wasser", Mischtechnik
Raimund, 14 Jahre

Kartoffelstempel

1 Saubere Kartoffel halbieren. Aus der Hälftenmitte eine Scheibe schneiden. Scheibe nach Bedarf teilen.

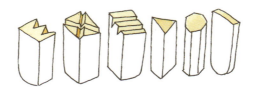

2 Stempelfläche durch schräge Schnitte (s. auch „Geißfuß", S. 61) und Abschneiden gestalten.

3 Durch senkrechtes Abstechen und waagerechtes Abtragen eine freie Form schneiden.

4 Zum Drucken die Stempelfläche mit Farbe bemalen. Nach jedem 3.–4. Abdruck neu einstreichen.

Moosgummistempel

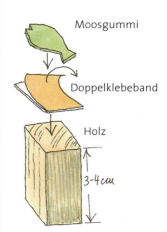

„Krokodil" – Golan, 12 Jahre

„Urwald-Poststempel" – 4. Klasse

59

Drucken

"Beim Geschenkeeinkauf"
Marina, 14 Jahre

TIPP

1. Wird das Druckpapier vor dem Druck zwischen feuchten Zeitungen gelagert, nimmt es die Farbe besser auf.

2. Feine Linien werden mit dem „Geißfuß", einem v-förmigen Hohleisen geschnitten, kräftigere mit dem kleinen u-Hohleisen. Flächen können mit dem großen u-Hohleisen abgetragen werden.

"Christbaumverkäufer" – Marco, 14 Jahre

Vor Weihnachten

Kalt ist es geworden. Warm eingepackt in Mantel und Schal werden Geschenke besorgt und beim Christbaumverkäufer wird eine gerade gewachsene Nordmanntanne erstanden.

Linolschnitt

„Nikolaus" – Felix, 13 Jahre

„Engel" – Johanna, 12 Jahre

„Christbaum" – Frank, 12 Jahre

MATERIAL
Linolplatte
Dispersionsfarbe, weiß
Pinsel
weicher Bleistift
Linolschneidewerkzeug
  (Linolschneidebrett)
Linoldruck-Wasserfarbe
Farbwalze
Glasplatte
  (Plastikplatte, -fliese)
Druckpresse (oder Löffel,
  Falzbein, Walze)
Papier (Kopierpapier,
  Tonpapier, Japanpapier)

In manchen Familien ist es Tradition, Weihnachtskarten in Linoleum zu schneiden. Diese Drucktechnik fordert klare Umrisslinien, ohne komplizierte Überschneidungen. Drucke in schwarzer Farbe lassen am deutlichsten die Motive erkennen. Wegen des erforderlichen Kraftaufwands beim Schneiden und der Verletzungsgefahr ist die Technik mehr für ältere Kinder und Jugendliche geeignet.

Schnittformen:
Weißlinienschnitt
Der Weißlinienschnitt ist die einfachste Form des Linolschnitts, alle vorgezeichneten Linien werden ausgeschnitten. Beim Druck auf weißes Papier erscheinen sie weiß, das Umfeld bleibt in der Druckfarbe stehen.

Schwarzfigurenschnitt
Beim Schwarzfigurenschnitt wird zusätzlich das Umfeld – die „Luft" – um das Motiv herum entfernt.

Weißfigurenschnitt
Hier werden die Flächen herausgeschnitten, die Konturen bleiben als Linie stehen. Häufig sind Linolschnitte eine Kombination aus verschiedenen Schnittformen.

Schneiden des Druckstocks
Die Linoleumplatte wird streifenfrei weiß grundiert und das Motiv nach dem Trocknen aufgezeichnet.
Zum Schneiden wird das Linolmesser steil angesetzt, in das Linoleum gestochen, wie eine Schaufel angehoben und flach weiter geschoben.
Die freie Hand, die kein Messer führt, liegt immer hinter der Hand, die schneidet! Ein spezielles Schneidebrett, auf dem die Linolplatte nicht verrutschen kann, ist eine große Hilfe und verringert die Verletzungsgefahr.

Einfärben des Druckstocks
Etwas Farbe wird auf die Glasplatte gedrückt und mit der Walze zügig fein verteilt. Dann wird kreuzweise mit der Walze die Farbe auf der Linolplatte verteilt.

Abdruck
Auf die eingefärbte Linolplatte wird das Druckpapier gelegt, darüber zum Schutz noch ein zweiter Bogen Papier. Die Farbe wird entweder mithilfe einer Presse, durch Überrollen mit einer sauberen Walze oder durch gleichmäßiges Durchreiben in kreisenden Bewegungen mit einem Löffel oder anderem glatten Werkzeug abgenommen.

Linolschnittgarnitur mit 4 Stahlmessern, birnenförmigem Griff (Heft), Rundholz als „Ausstoßer" zum leichten Auswechseln der Messer.

„Perchtenläufer" – Matthias, 11 Jahre

Drucken

„Limousine" – Roland, 12 Jahre

Auf Erkundungsreise

Komfortabel mit eigenem Chauffeur ist der Lord unterwegs. Er hat viel Leergepäck dabei, denn er möchte gerne seine Naturaliensammlung mit seltenen Pflanzen, exotischen Muscheln und schillernden Käfern vergrößern.

„Heckenrosen" – Marcello, 12 Jahre

Um Linoldrucke farbig zu gestalten, gibt es viele Möglichkeiten, z.B. durch Einfärben des Druckstocks mit mehreren Farben (s. „Heckenrosen"), durch den Abdruck auf farbige Papiere (s. „Käfer") oder durch den „Verlorenen Schnitt".

62

Linolschnitt

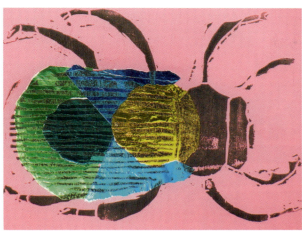
„Käfer" – Florian, 13 Jahre

„Señora" – Sabine, 14 Jahre

TIPP
Linolplatten sind im Künstlerbedarf ab DIN-A5-Größe erhältlich. Auch Reste frisch verlegten Bodenbelags können verwendet werden. Alte Bodenbeläge sind zu hart und spröde.

Verlorener Schnitt
Diese Technik wird auch Schnitt mit verlorener Platte genannt, weil die Platte am Ende der Arbeitsschritte unbrauchbar geworden ist. Der verlorene Schnitt ist etwas zeitintensiv und bedarf beim phasenweisen Abtragen der Druckflächen sorgfältiger Planung.
Beim Drucken sollten anfangs nur zwei Farben – erst hell, dann dunkel – eingesetzt werden (s. „Muscheln"). Durch die Wahl von buntem Druckpapier (s. „Lord-Limousine", „Käfer") kann die Farbskala erweitert werden.

Linoleum
Linoleum (lat. linum = Flachs, oleum = Öl) ist ein Produkt aus Leinöl, das wiederum aus Flachs gewonnen wird. Angedickt mit Füllstoffen, Korkmehl und Pigmenten, wird es auf Jutegewebe gegossen. Linoleum wurde für Bodenbeläge entwickelt.

„Muscheln" – André, 14 Jahre

Limousine

1 Motiv auf Platte zeichnen und als Schwarzfigurenschnitt ausschneiden.

3 Linolplatte säubern, mit Zeichenstift alle Partien markieren, die mit Farbe B gedruckt werden sollen. Die restlichen Teile (rote Fläche) ausschneiden.

2 Druckstock mit Farbe A einfärben und mehrere Abzüge mit verschiedenen Papieren (oder Farben) anfertigen.

4 Platte mit Farbe B einfärben und auf die Abzüge der Farbe A drucken. Die Passgenauigkeit kann durch Fixierung von Druckstock und Papier mit Winkelleisten erreicht werden.

Kerbschnitzbeitel
Bei häufigem Schneiden von Linol- oder Holzschnitten sind Kerbschnitzbeitel mit pilzförmigem Griff eine lohnende Anschaffung.

63

Drucken

"Marsmännchen" – Druckstock

MATERIAL "ASTRONAUT"
Kugelschreiber
beschichteter Karton
Farbwalze
Glasplatte
  (Kunststoffplatte)
Linoldruck-Wasserfarbe
Druckpapier

MATERIAL "MARSMÄNNCHEN"
(zusätzlich zum Druckmaterial)
Karton
Kleber
Schere

"Marsmännchen", Kartondruck – André, 11 Jahre

Erfolgreiche Weltraummission

Die Exkursion zum Mars hat mit der Ausbeute unterschiedlicher Gesteinsproben alle Erwartungen übertroffen und die Vermutung bestätigt: Das Marsmännchen existiert tatsächlich!

Kartondruck

„Astronaut", Kartonradierung – Basti, 9 Jahre

„Mineraliensammlung", Kartonradierung – 5. Klasse

„Nachtigall" Golddruck Denis, 12 Jahre

Der Druckstock für das Marsmännchen wird aus Karton geschnitten. Mehrmals nebeneinander gedruckt, wird daraus eine ganze Sippe von Marsbewohnern. Der Astronaut ist ebenfalls durch Abdruck von einem Kartonstück entstanden. Seine Zeichnung wurde ähnlich den Vertiefungen einer Radierung eingedrückt. Man bezeichnet die Drucktechnik deshalb als „Kartonradierung", obwohl es sich hierbei gar nicht um einen Tief-, sondern Hochdruck handelt.

Kartonradierung

Das Motiv wird mit Kugelschreiber unter Druck in die Kartonoberfläche gezeichnet. Bei komplexeren Arbeiten kann eine Skizze, zart mit weichem Bleistift auf dem Karton angedeutet, hilfreich sein. Beschichteter Karton, der Farbe nicht aufsaugt, wie z.B. der Glanzkarton von Schuhschachteln oder metallbeschichteter Plakatkarton (Konfektkarton), eignet sich am besten für diese Technik. Beim Einfärben mit der Farbwalze muss darauf geachtet werden, dass die vertieften Linien farbfrei bleiben (wenig Farbe verwenden!).

Kartondruck

Der Druckstock setzt sich aus mehreren Kartonteilchen zusammen, die auf ein Kartonstück oder eine Kartonform (z.B. Marsmännchenfigur) geklebt werden. Sie sollten die gleiche Dicke (Höhe) haben und nicht zu feingliedrig geschnitten werden, da sie sonst von Farbe ausgespart bleiben oder gar abreißen.

Materialdruck

Wie beim Kartondruck gilt es, Materialien von möglichst gleicher Dicke zu verwenden. Als Kleber für die vielfältigen Dinge eignen sich am besten Holzleim und Doppelklebeband.

Golddruck

Der Golddruck ist keine Druck-, sondern eine Färbetechnik.
Ein Abzug mit noch feuchter, gelber Linoldruckfarbe wird großzügig mit metallischem Goldstaub überpudert. Das Pulver bleibt beim Antrocknen auf der Farbe haften.
Nach dem Trocknen wird der überschüssige Goldstaub vom Druckpapier auf eine Unterlage von Zeitungspapier geklopft und das Motiv mit einem großen, weichen Pinsel abgestaubt.
Der auf der Unterlage gesammelte Goldstaub kann wieder verwendet werden.

TIPP
Bronzepulver in verschiedenen Goldtönen, Kupferfarben und Silber sind in Gläsern, ergiebig und preiswert, im Künstlerbedarf erhältlich.

„Mechanische Nachtigall", Materialdruck – Denis, 12 Jahre

Papierarbeiten

Scherenschnitt

Faltschnitt

Transparentbild

Papierschöpfen

Pulpe

Papier

TIPP
Zum Ausschneiden benutzen größere Kinder eine kleine, spitze Schere (Silhouettenschere) oder ein Cutter-Messer (Schablonenmesser – Achtung, scharfe Klinge!).
Beim Schneiden mit dem Cutter wird eine Schneideunterlage, z.B. ein Stoß Zeitungspapier oder ein Stück feste Pappe benötigt.

Samtmattes, schwarzes Scherenschnittpapier, auf der Rückseite (Zeichenseite) weiß und ungummiert, eignet sich am besten für komplexe Schnitte.

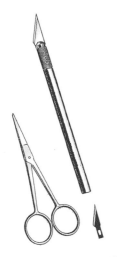

MATERIAL „NIKOLAUS"
schwarzes Tonpapier, DIN A4
Buntstift, weiß oder hell
Schere
Kleber
Pergaminpapier, blau

„Nikolaus" – Max, 5 Jahre

Poch, poch, poch ...

Der Nikolaus besucht die Vorschulkinder und klopft dabei laut an die Tür. Er liest aus einem goldenen Buch vor und weiß, wer immer rauft und die Hausschuhe in der Garderobe herumwirft. Martin und Thomas haben sich in der Kuschelecke versteckt.

Scherenschnitt

„St. Martin" – Klaus, 10 Jahre

„Befana" – Penelope, 13 Jahre

„Engel – Licht" – Sabrina, 10 Jahre

Die große Nikolausfigur ist an ihrer Silhouette deutlich zu erkennen. Mit einer Kinderschere aus schwarzem Papier geschnitten und auf transparentes Buntpapier geklebt, stapft sie mit Sack und Stock über die Fensterscheibe durch die blaue Nacht.

Die Figur, von den Kindern auf die Rückseite des Papiers gezeichnet, wird im Umriss ausgeschnitten.
Dünne Stellen (Hals, Arme, Stock) werden dicker gezeichnet, damit sie beim Ausschneiden nicht abreißen können.
Der Scherenschnitt zwingt zu klaren, eindeutigen Formen. Sie können reich gegliedert sein, doch Überschneidungen sollten vermieden werden.
Größere und differenzierte Scherenschnitte (s. „St. Martin") werden samt Umrandung geschnitten. Sie gibt der Papierarbeit Festigkeit und hält das Motiv zusammen.

Bei der Vorzeichnung und beim Ausschneiden ist darauf zu achten, dass die Zeichnung an mehreren Stellen mit dem Rahmen verbunden ist.

Beim Aufkleben auf einen Papierhintergrund wird der Scherenschnitt nicht ganz, sondern nur punktuell mit Kleber bestrichen.
Größere Scherenschnitte werden dazu in Position gelegt und bis zur Hälfte mit einem Buch beschwert. Zuerst wird die freie Hälfte aufgeklebt (überschüssigen Kleber mit einem Blatt Papier abnehmen!), dann wird das Buch entfernt und der Rest des Scherenschnitts aufgeklebt. Zwischen Büchern und Papier wird der Scherenschnitt glatt gepresst.

„Nikoläuse" – Scherenschnitt von Vorschulkindern

Papier

MATERIAL „ELEFANTEN"
Bogen weißes Papier, DIN A4
Bogen dunkles Papier, DIN A4
Kopierpapier, DIN A4
spitze Schere
Bleistift
Kleber

TIPP
So schont man das Schnittpapier beim Vorzeichnen: Kopierpapier falten und eine Vorzeichnung anfertigen. Zeichnung über das Schnittpapier legen, mit Klebeband fixieren und Papiere zusammen ausschneiden.

Stern

In Bogenkante eine Sternzacke schneiden.

„Elefanten" – Patrick, 11 Jahre

Balancekunststück

Es ist ein hartes Stück Arbeit für den Elefantentrainer vom Zirkus „Bellissimo": Zuerst halten sich seine Elefanten nur an ihren Rüsseln fest, dann nehmen sie sich Huckepack. Endlich schaffen es vier Tiere, ihre Rüssel zu verknoten und frei zu balancieren!

Der Faltschnitt macht Unmögliches möglich. Diese dekorative Vervielfältigungstechnik entsteht mit geringem Zeitaufwand und das Ergebnis sorgt bei Kindern immer wieder für eine Überraschung. Wie beim Scherenschnitt gilt für das Motiv: klare Formen und keine Überschneidungen! Es muss mindestens eine Stelle des zusammengelegten Papierbogens mit einer Falzkante verbunden bleiben.

Faltschnitt

Mehrfachschnitt

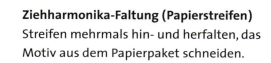

Faltdeckchen, eckig

Faltschnittschemen

1 x falten

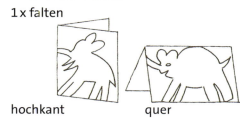

hochkant   quer

2 x falten

Kanten einschneiden

2 x falten

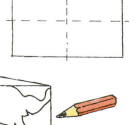

Ziehharmonika-Faltung (Papierstreifen)
Streifen mehrmals hin- und herfalten, das Motiv aus dem Papierpaket schneiden.

Faltdeckchen, rund

2 x falten und diagonal zusammenlegen

Schnittkanten in Bogenform (1/8 Kreis) schneiden

Bogen- und Falzkanten einschneiden

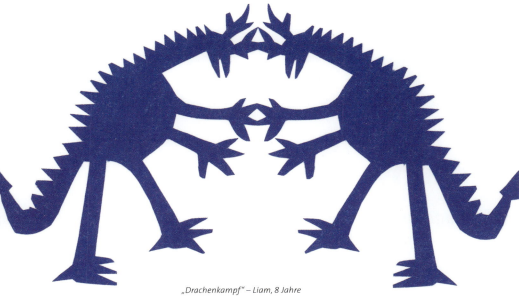

„Drachenkampf" – Liam, 8 Jahre

71

Papier

TIPP
Große Flächen und Luftballons nicht mit dem Pinsel, sondern mit der Hand ein- und überkleistern.

„Beim Drachensteigen" – Pauline, 10 Jahre

Drachenwetter

Pauline läuft über die Fensterscheibe zum Drachenfest; die Sonne scheint und der Herbstwind weht günstig. Ihr Buntpapierdrache steigt hoch über die Bäume – bis zum blauen Himmelsstreifen.

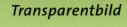

„Schmetterling" – Jasmin, 9 Jahre

„Drache" – Theresa und Tuba, 10 Jahre

Durch Reißen und Schneiden lassen sich aus transparentem Pergamin (Drachenpapier) vielfarbige Bilder anfertigen. Wenn man die Papierstücke aufeinander legt, zeigen sich in der Überschneidung alle Mischtöne.

Bei den Fensterbildern wird das bunte Papier mit Pinsel und Kleister auf einen weißen Bogen Pergamin geklebt: Das weiße Papier wird nur partiell mit Kleister bestrichen, das Buntpapierstück aufgedrückt und mit Kleister von oben (besonders an den Rändern) überstrichen. Trocken und kleisterverstärkt löst sich das Bild problemlos von glatten Oberflächen wie Glas, Resopal, Folien und Luftballons.

Pergamin oder Drachenpapier

Das glatte, glänzende Papier erhält seine Transparenz und Festigkeit durch starke Pressung. Es färbt nicht ab und eignet sich besonders gut zur Gestaltung von Lampions, Drachen und Fensterbildern.

MATERIAL „FENSTERBILD"
Pergaminpapier
Kleister
weicher Borstenpinsel
(Schere)

„Am Meeresgrund" – 4. Klasse

Papier

Papierbögen geschöpft – 6.–9. Klasse

Buntpapier-Schöpfungen

Das Papierschöpfen von Hand bietet die Möglichkeit Altpapier kreativ zu recyceln. Mit Buntpapierresten, gesammelt und zum Papierschöpfen aufbereitet, eröffnet sich eine Fülle von malerischen Anwendungen.

Ob mit dem Sieb geschöpft (z. B. „Sprenkelpapier") oder auf das Sieb gegossen („Wolkenpapier"), das Ergebnis ist stets eine Neuschöpfung.

Mit vereinfachten und modernen Mitteln können wir dem Reiz der alten Handwerkstechnik (s. S. 81 „Papierschöpfen") nachspüren.

Papierschöpfen

Sprenkelpapier

1 Einfarbige Papierschnipsel mit warmem Wasser im Mixer zerkleinern. In ein Sieb geben und abtropfen lassen (Arbeitsgang 6 x wiederholen).

3 Einfarbigen Papierbrei (Pulpe) und grobe Schnipsel (6:1) in lauwarmes Wasser geben. Fasern aufrühren und Schöpfrahmen mit Deckel senkrecht eintauchen.

5 Wasser über der Wanne abtropfen lassen und Deckel abnehmen.

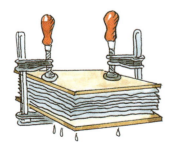

7 Mehrere Bögen schöpfen. Den Stapel zwischen zwei Platten auspressen.

2 Verschiedene Buntpapiere grob (!) im Mixer zerkleinern. Feine Faserteile im Sieb ausspülen.

4 Schöpfrahmen unter Wasser waagerecht drehen und langsam anheben.

6 Geschöpftes Papier auf ein nasses Tuch (Gautschtuch) stürzen und mit einem weiteren nassen Tuch bedecken.

8 Papier einzeln auf einer glatten Unterlage zum Trocknen legen und das Gautschtuch vorsichtig abziehen.

MATERIAL „SPRENKEL- UND WOLKENPAPIER"
Wanne
Buntpapierreste
Mixer
warmes Wasser
Schöpfrahmen (mit Deckel)
ca. 20 Gautschtücher (Haushalt-Allzwecktücher)
Küchensieb
Schüssel(n)
Becher
2 Platten, kunststoffbeschichtet
2–4 Zwingen

TIPP
Buntpapierreste in Faltmappen sammeln. Kein Seiden- oder Krepppapier verwenden (färbt ab!).

Papier

„Sandwüste" – Marion, 14 Jahre

„Grünland" – Tobias, 14 Jahre

Wolkenbilder

Ob schleierzarte Zirrusfedern oder wallende Kumulustürme, die in luftiger Höhe vorüberziehen – wechselnde Wolkenformationen beflügeln die Fantasie.

Papierschöpfen

"Sommermond" – Don, 13 Jahre "Blacky" – Kerstin, 10 Jahre

Wolkenpapier

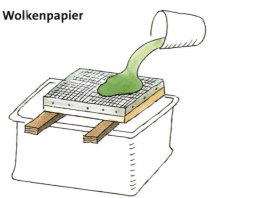

1 Stark verdünnte Pulpe auf ein Schöpfsieb gießen.

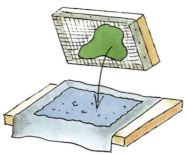

2 Sieb mit Faserschicht auf einen Bogen geschöpftes Papier drücken und beides gautschen.

"Wolkenformation" – 9. Klasse

MATERIAL
Wanne
Buntpapierreste
Mixer
warmes Wasser
Schöpfrahmen (mit Deckel)
ca. 20 Gautschtücher
 (Haushalts-Allzwecktücher)
Küchensieb
Schüssel(n)
Becher
2 Platten,
 kunststoffbeschichtet
2–4 Zwingen

"Zeichen" mit Schablone (s. S. 78) geschöpft – Bastian, 13 Jahre

TIPP
Handgeschöpftes Papier ist sehr saugfähig und eignet sich gut zum Bedrucken, z. B. mit einem Linolschnitt.

Papier

„Krähen" – 9. Klasse

Wintergäste

Wenn es kalt wird, besuchen die geselligen Saatkrähen aus dem Osten ihre Vettern in Mitteleuropa. Man kann sie an ihrem hellen Schnabel erkennen. Tagsüber suchen sie Insekten im Umland, abends weisen ihnen die Lichter der Stadt den Weg zu ihrem Schlafbaum in der Parkanlage.

Papierschöpfen

„Tier" – Robert, 14 Jahre

„Echse" – Frank, 14 Jahre

Papierbilder mit Schablonen
Bei der Echse wird die Papierform (nass!) auf das Schöpfsieb gelegt und die Umgebung farbig ausgegossen. Beim Tier daneben wird das Schablonenloch mit bunter Pulpe gefüllt!

Mithilfe einer Schablone aus Karton können Papierformen mit festen Konturen sowie Vervielfältigungen geschöpft werden.
Die Schablone wird dazu entweder auf einen vorgeschöpften Papiergrund (s. Wolkenpapier S. 75) gelegt oder als freie Form mit Pulpe ausgegossen und gegauscht.

Krähe

1 Zwei Schablonen schneiden: eine für den Vogelkörper, eine für Schnabel und Beine.

MATERIAL „KRÄHE"
(Schöpfen mit Schablone)
Aktendeckelkarton
spitze Schere
Bleistift
Papierreste
Utensilien zum Schöpfen

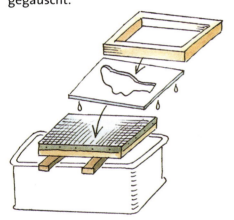

2 Schablone nass machen und auf den Schöpfrahmen legen. Mit dem Deckel andrücken.

3 Körperschablone mit flüssiger Pulpe ausgießen.

TIPP
Papierbögen können zwischen Gautschtüchern mit einem Nudelholz auch einzeln gepresst werden.

4 Deckel abnehmen, Schablone entfernen und Vogelkörper auf feuchten Papiergrund drücken.

5 Beine- und Schnabelschablone ausgießen und über die Körperform pressen. Das Motiv gautschen.

79

Papier

SCHÖPFRAHMEN MIT DECKEL

Aus 3 gleichgroßen Rahmen aus Leisten (oder Keilrahmen), Fliegengitterdraht und nicht rostenden Schrauben und Nägeln (Messing) kann das Schöpfsieb selbst hergestellt werden.

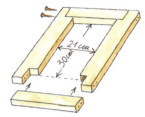

1. Leisten zusammenschrauben.

2. Gitter aufnageln.

3. Zweiten Rahmen aufschrauben.

4. Deckel zusammenschrauben.

„Figur", frei geschöpft – Franz, 11 Jahre

Hallo, Franz!

Kräftig und unternehmungslustig steht Franz mit beiden Beinen auf dem Boden – aber eigentlich ist er ein Leichtgewicht aus übereinander lagernden Papierfasern.

Papierschöpfen

MATERIAL
Siehe Seite 75

TIPP
Sets zum Papierschöpfen werden im Fachhandel (Künstlerbedarf) angeboten.

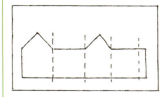

„Haus" – Schablone

Übertopf, in Schablonenform gegossen, nach dem Trocknen mit Holzleim zusammengeklebt.

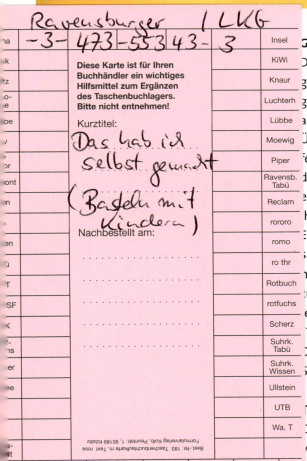

„Häuser", frei geschöpft – 6. Klasse

Gautschen

Der Deckel wird vom Schöpfrahmen genommen, der Rahmen mit Schwung gestürzt und der geschöpfte Papierbogen auf ein feuchtes Gautschtuch gedrückt. Über den Papierbogen wird ein weiteres feuchtes Tuch gelegt, auf dieses kommt der nächste Bogen usw., bis ein Stapel entstanden ist. Der Papierschöpfer nennt ihn „Pauscht".

Er verwendet als Gautschtuch feste, saugfähige Filzplatten. Beim Schöpfen mit Kindern können Haushalts-Allzwecktücher genommen werden. Sie müssen jedoch glatt gespannt aufgelegt werden (Teamarbeit!).

Durch Pressen wird das Wasser aus dem Stapel gedrückt.

Trocknen

Die noch feuchten Papierbögen werden von den Tüchern gelöst und auf einer glatten Fläche zum Trocknen ausgelegt (s. Zeichnung 8, S. 75).

Früher, in den alten Papiermühlen, wurden sie dazu unter dem Dach – in einem großen, luftigen Speicher – über runde Holzstangen gehängt und anschließend geglättet.

ab, wird gegautscht.

Übertopf-Form

Die Socken sind trocken

Sie können von der Leine genommen und an die Wand genagelt werden, denn sie sind steif wie ein Brett! Bunte Pulpe, dick wie ein Brei, ist das Garn, aus dem sie gestrickt sind, und ihr Strickmuster haben sie vom Abdruck einer Gabel bekommen.

Der Papierbrei, aus Buntpapierresten gemixt, wird mit Löffel, Gabel oder anderem Hilfsgerät auf einer Schablonenform aus Papier verteilt und zurechtgeschoben.

Etwas Kleisterpulver, entweder dem Brei beigemengt oder trocken auf das nasse, fertige Werk verteilt, festigt die flachen Objekte aus Papiermasse.

Pulpe

MATERIAL „SOCKEN"
Buntpapierreste
Mixer
Warmes Wasser
Küchensieb
Schüsseln, Becher
Löffel, Gabel, Spatel etc.
kräftiges Papier
Bleistift
Schere
Brett, kunststoffbeschichtet
Ablauf-Wanne

„Klammervögel" – 6. Klasse

Klammervogel

Mit einer Schablone 2 x den Vogel formen.
Nach dem Trocknen mit Holzleim zusammenkleben (Klammer dazwischenkleben).

Krähe

1 Einfarbige Buntpapiere mit warmem Wasser im Mixer pürieren, abtropfen lassen und in Gefäßen sammeln.

2 Strumpfschablone schneiden, anfeuchten und auf ein Brett (kunststoffbeschichtet) legen. Papierform mit Pulpe beschichten. Strumpf mit einer Gabel strukturieren.

3 Fertige Arbeit mit Kleisterpulver überpudern. Zum Trocknen Brett mit Strumpf schräg stellen und Wasser ablaufen lassen.

„Erdschichten" – Bernhard, 12 Jahre

83

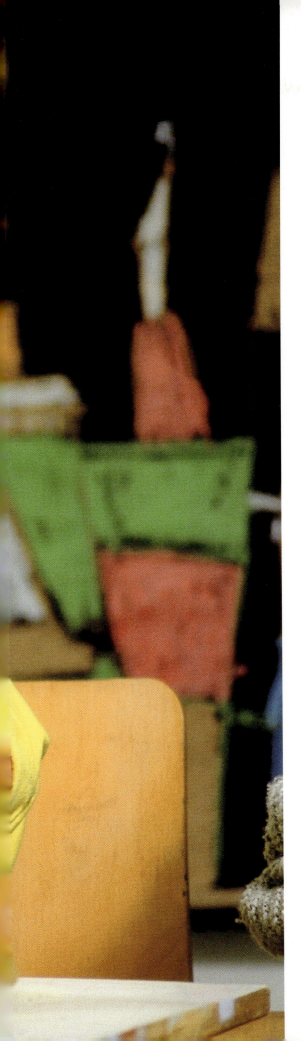

Modellieren

Knete

Knetwachs

Ton

Kleisterpapier

Kaschieren

Modellieren

Schüttelglas

1. Figur formen und ins Glas heben. Glas mit Wasser füllen.

2. Figur herausfischen und trocknen lassen.

3. Figur im Schraubdeckel feststreichen. Glimmer in das Wasser streuen. Deckelinnenrand und Glasrand mit Pattex bestreichen. Nach 10 Minuten Wartezeit den Deckel auf das Glas schrauben.

„Goldmarie" – Linda, 8 Jahre

Sternenschauer

Sterntalermädchen, Goldmarie und andere Glückskinder lieben das Schauspiel der wirbelnden Sterne – sie können nicht genug davon bekommen. Schnell das Glas gestürzt und wieder gewendet; ein neuer Glitzertanz beginnt.

Knete

„Schule der Fantasie", Schüttelglasfiguren – Kindergruppe 5–9 Jahre

„Gefangenes Gespenst" (Nachtleuchtknete)

Plastilin

Plastilin ist eine geschmeidige, formstabile, nicht härtende Modelliermasse. Sie besteht aus feinen Wachsen und ungiftigen Zusatzstoffen (Glyzerin, Lebensmittelfarbstoff). Es wird meist geruchsneutral von verschiedenen Firmen in unterschiedlichen Härten und Farbskalen angeboten und ist auch als Nachtleuchtknete erhältlich. Qualitätsprodukte färben nicht ab, kleben nicht an den Händen und krümeln nicht. Auf Teppichboden zerdrückte Knete kann mit Waschbenzin entfernt werden.

Salz-Öl-Teig-Knete

Weiche Massen (Soft-Knete) sind für den Tastsinn kleiner Kinder ein besonderes Vergnügen. Erst im Laufe ihres Wachstums entwickeln sie aus einem lustvollen Mantschen langsam zielgerichtetes Formen. Weiche, selbst gefertigte Knete ist preiswert und lässt sich mit Wasser aus Textilien und Teppich entfernen. Sie eignet sich zum Kneten flacher, liegender Formen; aufrecht stehende Figuren brauchen zur Stütze einen Zahnstocher. Nach dem Aushärten – nach ein paar Tagen – kristallisiert das Salz an der Oberfläche und die Farbe verliert an Frische.

MATERIAL „SCHÜTTELGLAS"

Schraubglas mit Deckel
Plastilin
Glimmersternchen (Streuglimmer)
destilliertes Wasser
Pattex-Kleber

TIPP

Für die Figur im Schüttelglas sollte kein leichtes, schwimmfähiges Material verwendet werden. Plastilin ist schwer genug, wasserfest und einfach zu handhaben.

REZEPT „SALZ-ÖL-TEIG-KNETE"

2½ Tassen Mehl
1 Tasse Salz
1½ Tassen Wasser
3 Esslöffel Öl
Lebensmittelfarbe: rot, gelb, blau

Salz und Mehl in einer Schüssel mischen. Wasser aufkochen lassen, Öl dazugeben und auf das Mehl und Salz gießen. Mit Rührlöffel vermischen, etwas abkühlen lassen, dann mit den Händen durchkneten. Teig in 4 Kugeln portionieren. In 3 Kugeln eine Grube drücken, Lebensmittelfarbe hineintropfen, Grube schließen und Teig und Farbe vermengen (eine Kugel bleibt farbfrei weiß!). Mischfarben durch Zusammenkneten schaffen.

„Fischbude" (Salz-Öl-Teig-Knete)

87

Frühlingslichtblüten

Mit den ersten warmen Sonnenstrahlen öffnen sich Knospen und Blüten. Und die Bienen beginnen mit ihrer Suche nach süßem Nektar, um ihn in ihren Bienenstöcken in Wachswaben zu füllen.

Wachs

Wachs eignet sich besonders gut zum Formen kleiner Plastiken. Es lässt sich hauchdünn drücken und wird dadurch lichtdurchlässig. Diese Transparenz verleiht den Objekten den Charakter von trübem Glas. Größere Formen oder mehrgliedrige Figuren benötigen für ihre Statik und zur Befestigung angefügter Teile kleine Holz- oder Drahtstücke. Für Kinder fühlt sich das natürliche Material angenehm an. Es riecht gut, färbt nicht ab und klebt nicht an den Fingern. Modellierwachs ist eine natürliche Formmasse aus reinen Wachsen, ohne Füllstoffe oder Weichmacher. Es wird für den Hobby-Bedarf in ca. 5 mm starken Tafeln, auch farbig (mit schadstofffreien Pigmenten) angeboten. Zur Auswahl stehen das preiswertere Knetwachs und das etwas teurere Knetbienenwachs.

1 Aus kleinen Wachskugeln Blütenblätter formen und auf eine Wachsscheibe kleben. Zahnstocher in den Wachsstängel drücken.

2 Blüte auf Stängel setzen und Zahnstocher in den Blumentopf (halbierte Kartoffel in Alufolie) stecken.

Knetwachs

MATERIAL
Knetwachs
Schälchen mit lauwarmem Wasser
Küchenkrepp
Zahnstocher oder Streichholz
Kartoffel
Alufolie

„Osterhase mit Nest" – Christa, 9 Jahre

TIPP
Wachs wird durch Kneten weich und formbar. Für kleine Kinder ist es leichter zu formen, wenn das Wachs zuvor in warmes Wasser gelegt wird.

„Eierschalenvase" – Stefan, 8 Jahre

89

Modellieren

„Schlacht" – Konstantin, 6 Jahre

„Krieger" – Yunus, 8 Jahre

„Burg" – Felix, 8 Jahre

„Römischer Legionär" – Dominik, 10 Jahre

Am Pont du Gard

Nach wilden Schlachten gegen die Barbaren im kalten Norden gönnt sich der römische Legionär eine Verschnaufpause im sonnigen Südfrankreich.

Ton

"Elefant" – Kevin, 9 Jahre

"Vogel" – Lea, 8 Jahre

"Schwein" – Erwin, 7 Jahre

Die handgroßen Figuren sind aus einzelnen Tonteilen geformt, zusammengesetzt und mit den Fingern gut festgestrichen worden. Für einen sicheren Stand wurden ihre Beine verdickt oder sie wurden auf einer Tonplatte befestigt.

Ton

Ton entsteht durch Verwitterung feldspathaltiger Urgesteine (Granit, Gneis, Quarzporphyr).
Vom Wasser fortgetragen, setzen sich feinste Sandpartikel als Lehm an ruhigen Stellen von Flussläufen ab und bilden im Laufe von Jahrmillionen eine dicke Schicht, ein Tonlager.

Im Tagbau abgebaut, gereinigt und aufbereitet, ist der Ton in verschiedenen Farben und unterschiedlichen Konsistenzen („fett – mager") erhältlich. Die Farbe des feuchten Tons stimmt meist nicht mit der im gebrannten Zustand überein. Sie wird vom Anteil verschiedener Oxyde und Mineralien bestimmt: Ockerfarbener Ton wird nach dem Brand ziegelrot (Eisenoxyd), grauer wird schwarz (Manganoxyd, Aluminiumoxyd), hellbeiger wird rosa; nur weißer Ton (Kaolin) bleibt weiß. Tonmassen sind im Fachhandel (Töpfer- oder Künstlerbedarf), bei einem Töpfer oder einer Ziegelei meist in 10-kg-Blöcken (Batzen, Hubel) in Folie erhältlich.

MATERIAL „TONFIGUREN"

Ton, „fetter" (feiner)
Schaschlikholz
Arbeitsbrett
Tonbrennofen
Deckfarbe oder
 Dispersionsfarbe

"Berittener Legionär" – Ludwig, 11 Jahre

91

Modellieren

MATERIAL „TASSE"
Ton, fein schamottiert (Schul-Ton)
Majolika-Glasurfarbe

TASSE

In eine Tonkugel eine Tassenhöhlung drücken.

Tonhenkel daran feststreichen („anstreichen").

Die Tasse umdrehen und einen Standring am Boden befestigen.

UNTERTASSE

Zweite Tonkugel flach klopfen.

Einen Tonring (größer als der Standring) um die Tellermitte feststreichen.

„Tassen und Besteck" – 2. Klasse

Tupfen-Tassen

Das Design jeder Tasse ist einzigartig, dazu noch der passende Eierbecher und ein individuelles Besteck – und die Ausstattung für den Kaffeetisch ist fast komplett! Jetzt fehlen nur noch die kleinen Gäste …

Die einfachste Möglichkeit eine Hohlform aus Ton herzustellen ist, eine Mulde in den Ton zu drücken und ein so genanntes „Daumenschälchen" zu formen (s. „Tasse").

Hohlformen
Nicht nur Gefäße werden als Hohlform hergestellt, sondern auch massive Objekte, die größer als eine Hand sind. So bekommen sie im Brennofen keine Sprünge.
Eine Hohlform kann sowohl durch Drücken („Daumenschälchen") als auch mit Tonschnüren aufgebaut („Aufbaukeramik", s. „Vulkan") oder mit Platten gebildet werden („Plattentechnik", s. S. 95).
Die Wandstärke von Hohlformen wird ertastet. „Fingerdick" ist eine den Kindern verständliche Maßangabe.
Bei den Tassen kann es der kleine Finger sein, beim „Vulkan" der Daumen. Alle Objekte werden bei 950 °C gebrannt („geschrüht"), Tasse und Ei, nach ihrer Bemalung mit Glasurfarbe, nochmals gebrannt bei 1050 °C.

Ton

Ton-Ei

1 Aus zwei gleich großen Tonkugeln „Daumenschälchen" drücken. In eine Schale locker geknülltes Zeitungspapier geben.

2 Schalenränder mit einer Gabel aufrauen und mit etwas „Schlicker" (s.S. 95) bestreichen.

4 Die Nahtstelle sorgfältig verstreichen.

6 Lederhart getrocknetes Ei mit „Engobe" (farbige Tonerde) färben. Nach dem Trocknen ein Muster einkratzen und das Ei „schrühen" (950°C). Vor der Transparentglasur (1050°C) Akzente mit Keramik-Dekorfarbe setzen.

„Ton-Eier" – 2. Klasse

3 Die beiden Schalen aufeinander drücken.

5 Auf ebener Fläche glatt (wenig Druck!) zur Eiform rollen. Luftloch einstechen.

„Vulkan" – Aufbaukeramik, Daniel, 8 Jahre

„Ton-Ei" – Doris, 12 Jahre

MATERIAL „EI"
Ton, fein schamottiert (Schul-Ton)
Zeitungspapier
Engoben
Kratzwerkzeug (Vorstecher, Nagel)
Keramik-Dekorfarben
Transparentglasur
Bleistift

„Nest", Aufbaukeramik Franzi, 8 Jahre

VULKAN

Tonschnüre zu Kegelform übereinander legen und die Schnüre verstreichen.

Einen Untersatz aus Ton formen und in der Mitte eine Tonkugel mit Löchern, zum Einsatz von Wunderkerzen, befestigen.

93

Modellieren

„Wohnzimmer" – Doris, 13 Jahre

MATERIAL „ZIMMER"
Ton
Nudelholz
feuchtes Tuch
2 Leisten, fingerdick
Schlicker
Zeichenpapier
Winkel
Lineal
Bleistift
Schere
Messer
Dispersionsfarbe

„Küche"– Jessika, 13 Jahre

Frühstück mit Ei

Zwischen zwei Tonwänden und einer Bodenplatte ist der normale Alltag nachgestellt: Jessika frühstückt bei Musikbegleitung, Ralph lässt sich ein Bad ein und Doris sieht fern.

SCHLICKER
Trockene Tonreste mit einem Hammer zwischen Zeitungspapier zerkleinern und durch ein Sieb streichen. Das Tonmehl mit Wasser zu einem Brei verrühren und in einem Deckelgefäß streichfähig halten.

„Bad" – Ralph, 13 Jahre

Um einen besseren Einblick in das häusliche Leben zu bekommen, fehlen bei den Zimmern die restlichen Wände und die Decke. Für die Zimmer werden gleichstarke Plattenwände im 90°-Winkel zusammengestellt und mit Schlicker verbunden. In „Fertigbauweise" kann so auch (nach einer Vorlage) ein römischer Tempel nachgebaut werden oder ein Bauwerk der Fantasie entstehen.

Ton

„Faschingsgesichter" – 2. Klasse

„Isis-Tempel" – Gemeinschaftsarbeit 8. Klasse

Plattentechnik

Um eine gleichmäßige Wandstärke zu erreichen, wird Ton auf ein feuchtes Tuch zwischen zwei Leisten gelegt und mit einem Nudelholz flach gewalzt. Für Bauwerke werden mithilfe von Papierschablonen entsprechende Platten aus dem Tonfladen geschnitten. Das feuchte Tuch ermöglicht ein problemloses Lösen vom Untergrund.

Beim Zusammenfügen werden die Anschlussstellen der Platten mit einer Gabel aufgeraut (eingekratzt), mit Schlicker bestrichen und zusammengedrückt. Überquellender Schlicker wird mit dem Finger glatt gestrichen.

MEERSCHWEINCHEN

Zimmer

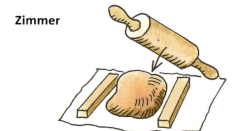

1 Holzleisten auf ein feuchtes Tuch legen und Ton dazwischengeben. Mit dem Nudelholz auf ca. 2–3fache Fingerbreite flach klopfen.

2 Danach den Ton auf Leistendicke flach walzen.

3 Papierschablonen für Boden und zwei Wände auflegen und Tonplatten ausschneiden.

4 Anschlussstellen aufrauen und Schlicker aufstreichen. Wände zusammen- und auf die Bodenplatte drücken.

Zum Formen des Meerschweinchenkörpers wird der ausgewalzte Tonfladen um locker geknülltes Zeitungspapier geschlagen und seine Ränder werden zusammengedrückt (s. „Ei", S. 93). Das Tier wird mit Engoben bemalt. Nach dem Schrühen (950°C) kann die Zeitungsasche durch das Luftloch ausgespült werden.

Modellieren

„Kleopatra" – Burak, 9 Jahre
„Cäsar" – Daniel, 9 Jahre

Papiermenagerie

Cäsar und Kleopatra haben auf der Bank vor dem Holzstapel ein sonniges Plätzchen gefunden. Von hier aus haben sie das Futterhäuschen der Meisen gut im Blick!

„Katze" – Alex, 9 Jahre

Arbeiten mit Kleister, der mit den Händen aus der Schüssel genommen und auf das Papier gestrichen wird (nicht mit dem Pinsel!), sind für die meisten Kinder ein großer Spaß.
Liegende Tiere sind einfach zu formen. Stehende Tiere benötigen für ihren sicheren Stand feste Beine, z.B. aus Papprollen, gerollter Zeitung, Wellpappe oder aus Draht. Größere Tiere können mithilfe eines Gerüsts aus Pappe, Holzleisten oder Maschendraht (Hasengitter) geformt werden.
Mit Abdeckband oder Alufolie können trockene Papierteile schnell fixiert und stabilisiert werden. Mit Papier kaschiert, sind sie später nicht mehr sichtbar.

Kleisterpapier

Kleister

Handelsüblicher Tapetenkleister (Methylkleister) ist ein synthetisch hergestelltes Quellmittel aus Holzzellulose.
Er wird in Granulatform angeboten und unter Rühren in kaltem Wasser angesetzt. Nach 10- bis 15-minütiger Ruhezeit wird noch einmal durchgerührt und Wasser dazugegeben.
Für unsere Papierarbeiten eignet sich nur der normale Kleister, nicht die extrastark klebende Sorte „spezial"!

„Kunst und Krempel", Sommer-Spielaktion – München

Katze

1 8–12 Bogen Zeitungspapier locker zu Knäuel formen. Zeitung mit Kleister anfeuchten. Knäuel in Körperform legen und mehrmals einwickeln.

2 Für den Kopf entsprechend weniger Knäuel knüllen und in Kleisterpapierbögen einschlagen.

3 Kopf und Körper mit Kleisterpapier-Streifen und -Bögen zusammenkleben.

4 Für den Schwanz einen Zeitungsbogen locker geknüllt verdrehen und in Kleisterpapier einschlagen.

5 Schwanz mit Kleisterpapier ankleben. Aus Kleisterpapier Ohren formen und befestigen.

„Gefleckte Hunde" – 6. Klasse

MATERIAL „KATZE"
Zeitungspapier
Kleister
Dispersionsfarbe

Modellieren

„Kicker" – Roland, 13 Jahre

Stockfigur „Riese"
Spielfest Olympiapark, München

„Schneemann" – Nedim, 8 Jahre

Klitzeklein und riesengroß

Wie merkwürdig – statt des Weihnachtsmanns bringt ein kleiner Schneemann die Geschenke. Ein Fußballer hält mitten im Schuss inne und ein unheimlicher Riese erscheint beim Spielfest. Allein sein Kopf ist so groß wie ein Mensch.

Die leichtgewichtigen Figuren aus Kleister und Papier erhalten den nötigen inneren Halt durch Plastikbecher, Schachteln oder dünnen Maschendraht (Hasengitter).

Großfiguren werden noch stabiler, wenn statt Zeitungspapier Packpapier zum Kaschieren verwendet wird.

Schneemann

1 Locker geknülltes Zeitungspapier mit Papierstreifen und Kleister auf einem Becher befestigen.

2 Einen halben Bogen Zeitungspapier flüchtig mit Kleister bestreichen und über Kopf und Becher breiten. Mit kleisternasser Hand feststreichen.

3 Einen Viertelbogen Zeitungspapier zusammenrollen, als Arme ansetzen und mit Kleisterpapier am Körper festkleben. Hut und Nase aus Kleisterpapier zurechtdrücken und am Kopf befestigen.

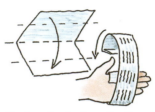

4 Für den Sack einen halben Zeitungsbogen 2× zusammenlegen. Streifen um die Hand wickeln und zu einem Ring zusammenkleben.

5 Den Ring mit Kleisterpapier von unten schließen, an die Figur drücken und mit Kleisterpapier befestigen. Nach dem Trocknen Sack und Figur bemalen.

Kleisterpapier

MATERIAL „SCHNEEMANN"
großer Plastikbecher
Zeitungspapier
Kleister
Dispersionsfarbe

GROSSFIGUR

Figur aus Maschendraht-Röhren, gefüllt mit locker geknülltem Zeitungspapier. Die Glieder werden mit Blumendraht befestigt, mit Zeitungspapier kaschiert und mit Dispersionsfarbe bemalt.

„Figuren" – 7. Klasse

99

Modellieren

„New York am Abend" – 8. Klasse

Licht und Schatten

Wolkenkratzer prägen das Bild großer Städte und Metropolen. Wenn die Sonne am Horizont versinkt, verweilt ihr Restlicht noch lange auf den oberen Stockwerken der Hochhäuser.

Kaschieren

„Maske" – Veronika, 8 Jahre

„Insekt mit Rüssel" – Hamid, 8 Jahre

„Nashorn" – Thomas, 8 Jahre

Die Erfindung des Skelettbaus hat es ermöglicht, heute Bauten bis zu einer Höhe von über 500 m zu realisieren. Unsere bescheidenen Bauten aus gestapelten Schachteln und Verpackungskartons erfüllen die New Yorker Bauordnung aus dem Jahr 1916: Um den Schattenwurf besonders hoher Häuser so gering wie möglich zu halten, schrieb sie Rücksprünge in ihren oberen Stockwerken vor. Verpackungsmaterial und Schachteln sind ein idealer Baustoff für junge Architekten. Er ist einfach zu beschaffen – und dazu kostenlos!

Mit Papier und Kleister können Kartonteile befestigt und Nahtstellen verdeckt werden. Durch die Bemalung mit Dispersionsfarbe bekommen Bauten, Masken und andere Objekte zusätzlich eine Schutzhaut. Nach der Grundierung werden mit Schablone und Schwamm noch Fenster auf die Bauwerke gestupft.

MATERIAL „WOLKENKRATZER"
Kartons
Becher
Papprollen
Zeitungspapier
Kleister
Dispersionsfarbe
Pappe
Cutter
Eisenlineal
Schwamm

TIPP
Nicht zu viel Kleister verwenden! Die Zeitungsbögen nicht gleichmäßig, sondern nur flüchtig stellenweise mit Kleister bestreichen. Nach dem Aufkleben das Papier mit kleisternasser Hand auch auf der Rückseite anfeuchten und in Form streichen

SCHULBUS
Ein Skelett aus Dachlatten gibt dem Kartonbus die nötige Festigkeit beim „Verkehrsspiel" – er wird zum Starten angehoben!

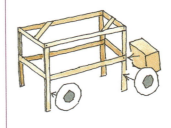

101

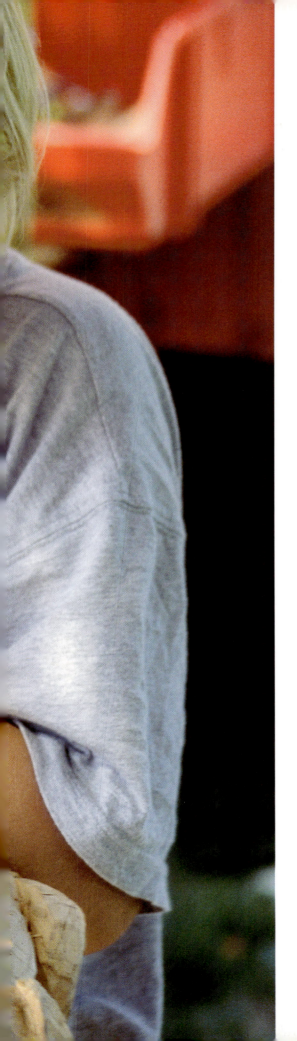

Holzarbeiten

Sägen

Raspeln · Feilen

Ausstemmen

Holz

„Bus" – Gianluca, 9 Jahre

Alles einsteigen!

Ob mit Bahn, Bus oder Dampfer – es gibt viele Fortbewegungsmöglichkeiten. Pinguine fahren übrigens am liebsten mit dem Skateboard!

TIPP

Damit sich dünne Leisten beim Nageleinschlagen nicht spalten, wird die Nagelspitze leicht gestaucht.

Zum Herausziehen von Nägeln den Nagelkopf mit der Beißzange fassen und die Zange umlegen.

„Zug" – Lea, 10 Jahre

Mit Säge, Leim, Farbe und Fantasie können sich die Hölzer aus der Restekiste ebenfalls in ein Wasserbecken mit Sprungturm, einen Tischstaubsauger und noch vieles mehr verwandeln. Beim Sägen sind zum Festhalten von Leisten, Rundhölzern und Vierkantstäben ein Schraubstock oder eine Schneidelade (s. S. 105) eine große Hilfe.

Sägen

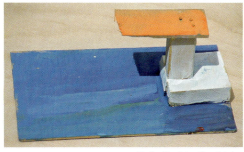
„Freibad" – Sebastian, 9 Jahre

⬅ Stoß

Feinsäge
Das dünne Sägeblatt ist fein gezahnt und wird mit einem Rückenstreifen aus Stahl versteift. Sie wird zum Ablängen (Kürzen) von Leisten und für gerade Schnitte verwendet.

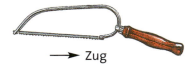
➡ Zug

Puksäge
Ihr Stiftsägeblatt ist auswechselbar (auch für Metall und Stein erhältlich) und wird in einen kräftigen Bügel gespannt. Sie wird zum Ablängen dünner Leisten und Rundstäbe benutzt.

„Pinguin auf Skateboard" – Max, 9 Jahre

Zug ⬇

Laubsäge
Ihr dünnes Sägeblatt wird mit nach vorne zeigenden Zähnen straff zwischen zwei Klemmfutter gespannt. Beim Sägen wird der Bügel waagerecht, d.h. gleich laufend mit dem sägenden Unterarm, gehalten. Das Sägeblatt wird (ohne Druck!) von oben nach unten durch das Holz gezogen. Die Laubsäge wird zum Schneiden von engen Kurven und Bögen in Sperrholz und dünnen Holzplatten eingesetzt. Sie ist als Werkzeug für Kinder ab 9 Jahren geeignet.

„Dampfer" – Magdalena, 9 Jahre

„Tischstaubsauger"
Sebastian, 9 Jahre

MATERIAL
Holzreste (Leisten, Rundhölzer, Sperrholz)
Holzleim
Nägel
Beißzange
Puksäge
Feinsäge (Laubsäge)
Dispersionsfarbe
Schraubstock oder Schneidlade

SCHNEIDLADE

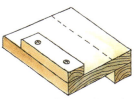

Aus einem Brett mit zwei Leisten ist eine Schneidlade schnell selbst gebaut:

Die Lade wird über die Tischkante gesetzt, das Werkstück an die hintere Wange gedrückt und beim Sägen mit der linken Hand gehalten.

105

Holz

MATERIAL „PFAHLFIGUR"
Zaunpfahl
Raspel, Feile
Feinsäge
Puksäge
Bohrer (Ø 8 mm)
Dübel (Ø 8 mm)
Holzleim (wasserfest)
3 Schrauben
Schraubendreher
Spitzbohrer
Kaseinfarbe
Lackfarbe
Dose
2 Dosendeckel
　(1x klein, 1x groß)

Pfahlfiguren – 6. Klasse

Rotkäppchen

Die Mitglieder des Gartenverschönerungsvereins treffen sich zur Jahreshauptversammlung, um ihre Platzverteilung zu besprechen: Rotkäppchen gesellt sich zum Salbei, Schwarzer Zylinder zu den Astern. Weiße Feder steht bei den Lampionblumen.

Raspeln · Feilen

Die Gartenfiguren aus Zaunpfählen, ebenso die Büste und die Figuren aus Leisten werden mit Holzwerkzeugen bearbeitet und geformt. Für gerade Schnitte werden Feinsäge und Puksäge benutzt, für Rundungen und Abrunden von Kanten sind Raspel und Feile einzusetzen.

Pfahlfigur

„Büste" – Kathrin, 10 Jahre

„Schreiner" – Raphael, 10 Jahre

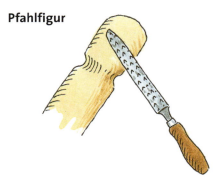

1 Hals und eventuell Taille mit Raspel und Feile einkerben.

2 Aus einer Leiste die Ohren und eine Nase sägen.

3 Dübellöcher bohren und Dübel einleimen. Teile am Kopf befestigen.

4 Zwei Armleisten sägen und Handflächen feilen. Figur und Arme bemalen. Die Arme anschrauben.

5 Dose und 2 Dosendeckel lackieren. Beide Deckel lochen und auf den Kopf schrauben. Dose auf den oberen, kleineren Deckel drücken.

RASPEL UND FEILE
Sie werden für die plastische Bearbeitung von Holz, zum Abrunden und Glätten eingesetzt. Die Raspel wird für erste Grobarbeiten benutzt, die Feile für Feinarbeit. Es gibt sie in flacher, runder und halbrunder Form und in unterschiedlichen Feinheitsgraden.

Holz

„Spanische Galeone" – Franz, 14 Jahre

MATERIAL „FRACHTSEGLER"
Papier, Bleistift, Schere
Fichtenbohle
Sperrholz
Vierkant- und Leistenreste
 (Ruderhaus, Steuerklotz)
Rundholz, Ø 10 mm (Mast)
Bohrer, Ø 10 mm
Rundholz, Ø 8 mm (Segel)
Stoffreste (Segel, Wimpel)
Schnur
Blechstück, Draht
 (Steuerruder)
Flachzange
Rundzange
Hammer
kleine Nägel (Reling)
Holzleim, wasserfest
Stemmeisen
Hohleisen
Holzhammer (Klüpfel)
Feinsäge
Raspel, Feile
Schleifschwamm
Schraubstock
 (Schraubzwinge)

„Segler" – Christian, 13 Jahre

„Frachtsegler" – Thomas, 13 Jahre

Auf der Schiffswerft

Die Späne fliegen, es ächzt die Säge, es hämmert und klopft – bei den Bootsbauern herrscht Hochbetrieb! Ihre robusten Schiffe gewinnen zwar nicht das Blaue Band für das schnellste Schiff, doch dafür liegen sie sicher im Wasser.

Ausstemmen

Die Schiffe tragen nicht zu schwere und zu hohe Aufbauten, ihre Körper sind breit und die Gewichte gleichmäßig verteilt. Die Bootsbauer setzen individuell viereckige Großsegel und dreieckige Lateinersegel. Am meisten „Wäsche" zeigt die Galeone aus dem 15. Jahrhundert.

„Arbeitsfloß" – Robin, 9 Jahre

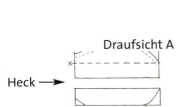

1 Papierschablone von Draufsicht (A – halbe Form doppelt ausschneiden!) und die Seitenansicht (B) anfertigen.

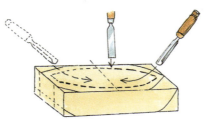

2 Schablonenformen aufs Holz übertragen. Parallellinie (Strichlinie) fingerbreit nach innen mit Stecheisen senkrecht abstechen. Vom Abstich aus, Richtung Mitte, eine Höhlung mit dem Hohleisen ausstemmen.

„Katamaran" – Michael, 8 Jahre

3 Boots-Bohle mit geraden Sägeschnitten in Form schneiden.

4 Kanten mit Raspel ebnen und mit Feile und Schleifschwamm glätten.

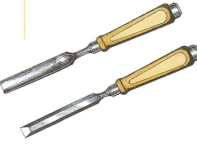

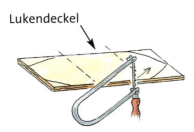

5 Deckplatte aus Sperrholz schneiden und Lukendeckel aussägen. Unten an den Lukendeckel kleine Leistenstücke kleben, die so breit wie der Hohlraum des Bootes sind.

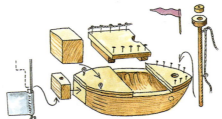

6 Deckplatten (nicht Lukendeckel!) aufleimen. Ruderhaus und Steuerklotz mit Steuer befestigen. Mast durchs Deckloch ins Bodenloch leimen und Segel befestigen.

Stecheisen und Hohleisen

Die Klinge des Stecheisens ist gerade, die des Hohleisens gebogen. Zum Ausstemmen grober Holzspäne wird mit dem Holzhammer locker, ohne Kraftanwendung (!) auf den Schlagknopf am Griffende geschlagen. Die Eisen müssen scharf geschliffen sein, sonst besteht Unfallgefahr!

Holz

WERKZEUG
Bleistift
Winkel
Winkelmesser
Lineal
Eisenlineal
Teppichmesser
Kreuzschlitzdreher
Fuchsschwanz
Stichsäge
Feinsäge
Gehrungssäge
Hammer
Bohrer (Ø 8 mm)
Forstnerbohrer

Pension Pieps

Hier gibt es eine Übernachtungsmöglichkeit mit erstklassigem Frühstück. Auch auf Dauergäste ist man eingerichtet, die jedes Jahr wiederkommen – falls sie durch das Schlupfloch passen!

Bemalt oder naturbelassen, das Bauholz ist ungehobelt und alle Vogelhäuser verfügen über eine wettergeschützte Futterterrasse nebst Schlupfloch (für Meisen Ø 3 cm; für Stare Ø 5 cm). Wenn sich die Gäste in den Süden verabschiedet haben, kann die Nisthöhle durch eine rückseitige Tür gesäubert werden. Zum Vogelhaus gehört ein Grundbrett aus Latten, mit dem es aufgehängt, auf einen Pfahl gesetzt oder zwischen Astgabeln geklemmt werden kann.

Verbindungen

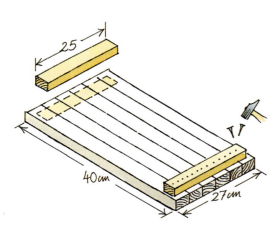

1 Sechs Lattenstücke mit zwei Querlatten fixieren.

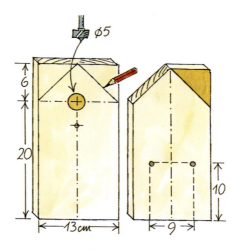

2 Beide Giebel markieren und aussägen. In eine Giebelwand ein Flugloch (Ø Forstnerbohrer richtet sich nach Vogelart) und ein Loch für die Sitzstange (Ø 8 mm) bohren. In die andere Wand mit der Stichsäge eine Tür sägen.

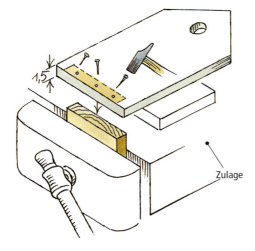

3 Das Bodenbrett mittig und mit der Unterkante bündig an der Giebelwand befestigen.

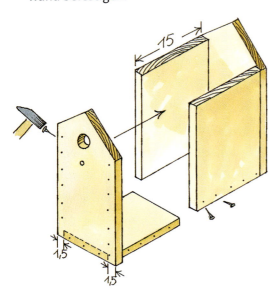

4 Alle Hauswände aneinander und an das Bodenbrett nageln.

MATERIAL
6 Latten (40 x 4,5 x 2 cm)
2 Latten (25 x 4,5 x 2 cm)
Senkkopfnägel
  (Drahtstifte)
  (2,5 x 35)
2 Bretter (Giebel)
  (26 x 13 x 1,5 cm)
2 Bretter (Seiten)
  (20 x 15 x 1,5 cm)
Brett (Dach)
  (20 x 12 x 1,5 cm)
Brett (Dach)
  (20 x 10,5 x 1,5 cm)
3 Spaxschrauben (2,5 x 30)
Brett (Terrassenboden)
  (18 x 10 x 1,5 cm)
Brett (Terrassendach)
  (18 x 13,5 x 1,5 cm)
2 Vierkantleisten
  (Terrassenstütze)
  (11 x 1,8 x 1,8 cm)
2 Vierkantleisten
  (Terrassenstütze)
  (9,5 x 1,8 x 1,8 cm)
2 Leisten (Geländer)
  (7,5 x 2,5 x 0,5 cm)
2 Leisten (Geländer)
  (2,5 x 2,5 x 0,5 cm)
2 Leisten (Geländer)
  (7,5 x 1,5 x 0,5 cm)
4 Dübel (Ø 8 mm)
Rundholz (Sitzstange)
  (Ø 8 mm, 7 cm lang)
Dachpappe
  (ca. 27 x 23 cm
  und 20 x 15 cm)
Brett (Türe rückwärts)
  (11 x 11 x 1,5 cm)
Flachkopfnägel (1,5 x 15)
Vierkantleiste (Kamin)
  (6 x 3,5 x 3,5 cm)
Holzleim, wasserfest
eventuell Dispersionsfarben

111

Holz

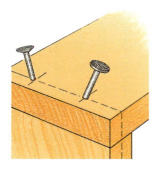

TIPP
Nägel halten besser, wenn sie leicht schräg versetzt eingeschlagen werden.

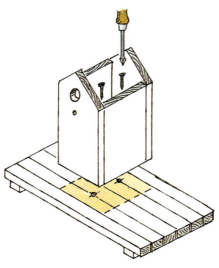

5 Das Haus auf das Grundbrett schrauben und die Sitzstange einkleben.

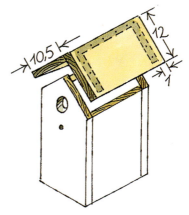

6 Die Dachbretter an Giebel und First nageln (siehe Tipp).

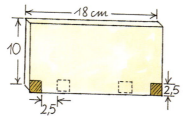

7 Zum Einsetzen der Eckstützen (11 cm lang) aus dem Terrassenbrett zwei Ecken sägen. Für die Mittelstützen (9,5 cm lang) zwei Dübellöcher (Ø 8 mm) bohren. Alle Stützen auf einer Seite mit der Gehrungssäge (Winkel 30°) abschrägen, in die andere Seite Dübellöcher (Ø 8 mm) bohren und Dübel einleimen.

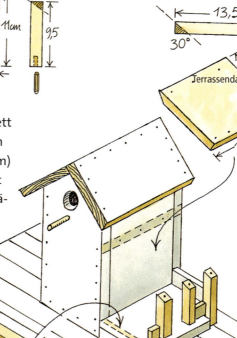

8 Die Terrasse auf das Grundbrett nageln. Die Stützen auf Grundbrett und Terrasse dübeln und ein Geländer aus Leistenstücken (2 x 7,5 cm; 2 x 2,5 cm) dazwischenkleben. Eine Längsseite des Terrassendaches mit der Feinsäge (Winkel 30°) abschrägen und auf Stützen sowie Hauswand kleben und nageln.

Verbindungen

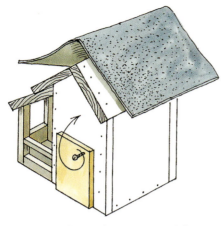

9 Für beide Dächer mit Teppichmesser und Eisenlineal Dachpappe (ca. 1,5 cm überstehend) schneiden und aufnageln. Auf der Rückseite, in einem Eck über der Öffnung, das Türbrett mit einer Schraube befestigen. (Das Brett zum Öffnen nach oben schwenken.)

10 Aus einer Vierkantleiste einen Kamin rechtwinklig einschneiden und aufkleben.

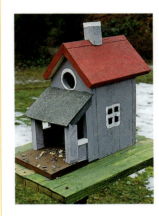

113

Filzen

Kugel · Schnur

Rolltechnik

Vorfilz

Filzen

TIPP
So werden Wollsträhnen vom Kammzug gezupft:

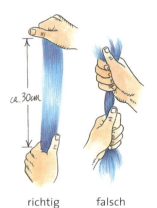

richtig   falsch

MATERIAL
Strähnen vom Kammzugstrang
Schmierseifenlauge
Sprühflasche
Haargummi
Unterlage, strukturiert (Noppenmatte, Frotteetuch, Bambusrollo)

Bunte Rastalocken

Durch Filzen von unversponnener Schafwolle entstehen nicht nur Stirnbänder, Schnüre und Perlen zum Schmücken, sondern auch Bälle zum Spielen.

Durch Reiben und Rollen zwischen den Handflächen und mithilfe von Feuchtigkeit und Wärme verhaken und verschlingen sich die Tierhaare fest und unlösbar ineinander. Wie bei allen Filzarbeiten gilt auch hier: Zart und sanft, ohne Druck beginnen; langsam den Druck erhöhen. Zum Schluss kräftig rollen!

Kugel · Schnur

Rastalocken werden wie Schnüre, jedoch um einen Haargummiring, gefilzt. Aus einem Angebot bunter Kammzugstränge können die Mädchen ihre Lieblingsfarben wählen und entsprechende Strähnen zupfen. Diese sind der Länge nach beliebig teilbar.

Schnur

1 Wollsträhne in der Mitte befeuchten. Die nasse Stelle mit beiden Händen hin- und herrollen – erst sanft, dann kräftig.

2 Weitere Partien besprühen und rollen. Die Enden der Strähne trocknen lassen!

Rastalocken

3 Zum Verlängern trockenes Ende auf neue Wollsträhne legen, befeuchten und beides rollen (ebenso Ring schließen!).

Strähnen durch den Gummi ziehen, anfeuchten und Enden zusammenfilzen.

KUGEL

Wollreste zu Knäuel drücken, mit Wollsträhne umwickeln und mit warmer Lauge tränken.

Knäuel erst sanft, später kräftiger, zu einer Kugel rollen.

Kugel nach und nach mit weiteren Strähnen vergrößern. Zum Schluss in klarem Wasser spülen.

Filzen

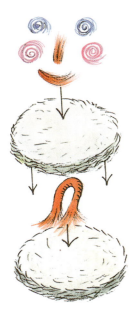

TOPFLAPPEN
Eine ca. 10 cm lange Schnur filzen, zu einer Schlaufe biegen und die trocken gelassenen Enden zwischen zwei Scheiben aus Vlies legen. In einer Matte durch Rollen „anfilzen". Strähnchengesicht auflegen und festfilzen.

„Topflappen" – 3. Klasse

Mondgesicht

Kreisrund, mit zwei Augen, Nase und Mund freuen sich die Topflappen auf ihren Einsatz am Herd. Ihre Gesichter sind mit farbigen Wollsträhnchen gezeichnet.

Die Strähnchen werden vom Flies oder Kammzug gezupft und – damit sie sich nicht verschieben – auf einem „angefilzten" (s.S. 117) Wollgrund ausgelegt. Durch Rollen in einer Matte werden sie (wie auch das Strähnchenmuster auf den rechteckigen Filzplatten) festgefilzt. Der Wollgrund der Topflappen besteht aus zwei Lagen rund geschnittener Vlieswolle.

Für die Filzplatten wird Kammzugwolle (s. Filzwolle S. 117) in Reihen neben- und übereinander ausgelegt.
Kleineren Kindern fällt es leichter, mit Vlieswolle ein textiles „Flächengebilde" zu schaffen.

Rolltechnik

Kleiner Teppich mit Strähnchenmuster (Rolltechnik)

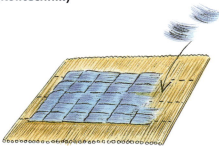  

„Teppich" – Ahmed, 10 Jahre

1 Vom Kammzug breit gefächerte „Stapel" ziehen und nebeneinander, in überlappenden Reihen, auf die Matte legen.

2 Quer zur ersten Schicht eine zweite Wolllage legen. Bunte Strähnchen darauf verteilen und mit Lauge befeuchten.

MATERIAL
Kammzug- oder Vlieswolle
Lauge
Sprühflasche
Stäbchenrollo
 (Strandmatte)
Handtuch
Unterlage mit Struktur

3 Matte einrollen und sanft hin und her bewegen. Langsam den Druck verstärken. Mehrmals das Filzstück drehen und wenden. Zum Schluss kräftig rollen, anschließend walken.

4 Zum Walken das Filzstück in ein Handtuch rollen, mit heißer Lauge begießen und auf einer Unterlage mit Struktur kräftig drücken und rollen. Mehrmals in klarem Wasser spülen.

LAUGE
1–2 Esslöffel Schmierseife mit dem Schneebesen in einem Plastikgefäß auflösen und in einen Topf mit warmem Wasser (ca. 40 °C) geben. Vorsicht, bei Kindern nicht zu heiße Lauge verwenden!

TIPP
Statt in einem Handtuch kann das Filzstück auch auf einem alten Waschbrett gewalkt werden.
Ein Schuss Essig im letzten Spülwasser macht die Wolle weicher.

 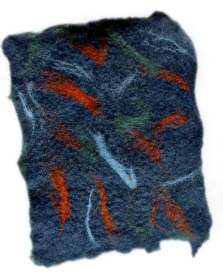 

„Teppiche" – 4. Klasse

Filzen

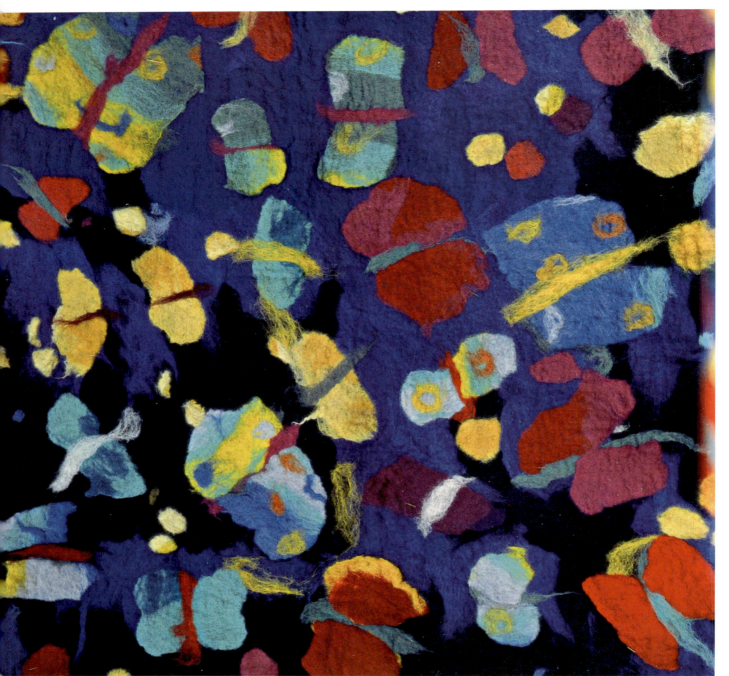

"Schmetterlingsnacht" – Gruppe der Schule der Phantasie, 7 – 9 Jahre

Schmetterlingsnacht

Große und kleine Eulenfalter, Schwärmer und Spinner haben sich zum Flug durch die Nacht vereint. Gemeinsam folgen sie dem süßen Duft der Blüten, die sich im Mondschein öffnen.

Vorfilz

Mit Flügeln aus „Vorfilz" und Körpern aus Wollsträhnen sind die Schmetterlinge auf einer Decke aus nachtblauer Kammzugwolle in Rolltechnik gefilzt.

„Vorfilz" wird eine Filzarbeit genannt, die nur kurz angefilzt wurde. Ihre Fasern hängen locker, aber noch nicht fest zusammen.

Nach dem Trocknen kann die Vorfilzplatte (wie Buntpapier) zum Ausschneiden von Formen verwendet werden. Vorfilz verbindet sich gut mit anderem Vorfilz, mit Vlieswolle oder ausgelegter Kammzugwolle. Seine Fasern verhaken sich ebenfalls durch Filzen mit lockerem Gewebe, wie z.B. Baumwoll-Musselin oder Chiffon.

Filzwolle

Schafwolle wird gereinigt und naturfarben oder gefärbt in verschiedenen Kämmarten im Fachhandel oder bei Schafwollspinnereien angeboten: als Vlies, in Flächenform in mehreren Lagen „kardiert" (gekämmt); als Kardenband (Vlieswolle in breiter Bandform) oder als Kammzug in Strangform. Im Kammzugstrang, langfaserig in einer Richtung kardiert, hat die Wolle durch Strecken ihre Kräuselung verloren. „Stapel"-Strähnen (Länge des Schafhaares) lösen sich leicht, wenn der Strang nicht zu eng gefasst wird (s. Zeichnung S. 112). Feine Wolle (z.B. Merino) filzt leichter als grobe.

„Blumenwiese" – Moritz, 10 Jahre

„Blumenwiese" – Gianluca, 10 Jahre

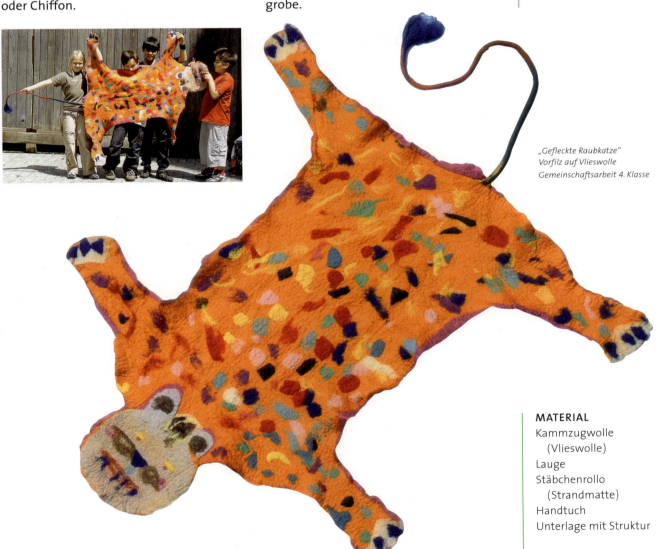

„Gefleckte Raubkatze"
Vorfilz auf Vlieswolle
Gemeinschaftsarbeit 4. Klasse

MATERIAL
Kammzugwolle
  (Vlieswolle)
Lauge
Stäbchenrollo
  (Strandmatte)
Handtuch
Unterlage mit Struktur

Metallarbeiten

Metallfolie

Draht

Solar

Metall

TIPP
Vorsicht bei Blechen mit scharfen Schnittkanten! Mit feinem Schleifpapier können sie entgratet (d. h. abgeflacht) werden.

Drückwerkzeug
Drückwerkzeug ist als Stahlgriffel mit löffel-, kugel-, rüssel- und hufförmigen Spitzen erhältlich.

„Kronen" – 6. Klasse

Kronjuwelen

In Schatzkammern findet man Kronen als Zeichen von Würde und Macht der Kaiser, Könige und Zaren – Kunstwerke aus Gold mit feinem Dekor, besetzt mit Perlen und Edelsteinen.

Kronen und Christbaumschmuck werden aus silberner Metallfolie geschnitten und mit Drückwerkzeugen reliefartig geformt. Transparenter Buntlack verleiht ihnen farbigen Glanz.

Metallfolie

Blech

Zum Drücken und Punzieren muss das Blech dehnungsfähig und zäh sein. Geeignet sind dünnes Aluminium-, Kupfer-, Messing- und Weißblech bis zu einer Stärke von Ø 0,2 mm. Noch dünner gewalztes Blech wird Metallfolie genannt. Als Drückblechfolie oder Alu-Prägefolie, in Silber-, Gold- und Kupferfarben wird sie in Platten und Rollen mit Stärken von Ø 0,05–0,15 mm angeboten. Sie kann mit einer Schere geschnitten werden.
Bleche bis Ø 4 mm werden mit einer leichten Blechschere (Goldschmiedeschere) geschnitten, stärkere Bleche mit einer Handblechschere oder bei langen, geraden Schnitten mit einer Durchlaufschere. Ab Ø 1,2 mm muss eine Hebelschere verwendet werden.

"Windfahnen" – 5. Klasse

"Stern" – Theo, 6 Jahre

Drücken und Punzieren

Beim Drücken und Punzieren wird das Blech wie beim Treiben (Formen von Blech mit einem speziellen Hammer) gedehnt und durch das Strecken in seiner Struktur härter und spröder. Seine Dehnfähigkeit ist begrenzt!

Folienblech kann auf einem weichen Polster aus Zeitungspapier mit Drückwerkzeugen bearbeitet werden (z.B. mit Kugelschreiber, stumpfem Bleistift, angespitztem Hartholzstab oder für Flächen mit einem Löffelstiel).

Dünnes Blech kann auf einer Dämmplatte oder einem alten Telefonbuch mit Punzierwerkzeugen (Punziereisen), mit einem großen Nagel und unter Zuhilfenahme eines Hammers mit Muster und Struktur versehen werden.

MATERIAL
Alu-Prägefolie, silbern
Drückwerkzeug
weiche Unterlage
Transparentlack
  (Deka-crystal)
Faserstift, transparent,
  wasserfest
Schere

"Engel" – Kim, 9 Jahre

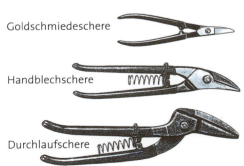

Goldschmiedeschere

Handblechschere

Durchlaufschere

"Saurier" – Ruben, 10 Jahre

125

Metall

MATERIAL „PANZER"
Weißblech (Dosenblech)
Aluminiumblech
Vorstecher (Nagel)
Unterlage (Dämmplatte)

Projektarbeit 5.–7. Klasse

Ritter Eisenbart

Ritter Rauf von Eisenbart hat schon viele Kämpfe hinter sich und seine Rüstung musste oft ausgebessert werden. Heute ist Turniertag, er hat seinen Helm mit Federn geschmückt und freut sich auf das große Brezelstechen.

Draht

Die Holzfigur, bestückt mit gebogenem Draht und gelochtem Blech, dient als „Musterbuch für Harnisch- und Kettenhemd-Designer": Auf der Suche nach bildnerischen Ausdrucksmöglichkeiten in Draht und Blech erkunden junge Lehrlinge spielerisch die Eigenschaften der verschiedenen Metalle.

Draht

Draht gibt es aus Eisen (Stahl), Kupfer, Messing und Aluminium in den Härtegraden weich, mittel und hart und in unterschiedlichen Stärken von Ø 0,2–4 mm. Am härtesten ist Stahldraht (Federstahl), er lässt sich nur schwer biegen. Aluminiumdraht ist am weichsten und sehr leicht zu biegen, jedoch nicht lötbar. Verzinkter Eisendraht, gut biegbar und nicht rostend, ist am gebräuchlichsten.

„Fußballer" – Timo, 10 Jahre

Draht wird ringförmig angeboten und mit Seitenschneider, Vornschneider oder Kombizange durchtrennt. Gebogen wird er mit der Hand oder mithilfe von Rund- und Flachzangen oder Biegeschablonen („Faulenzer").

„Läufer" – Ingmar, 11 Jahre

Kettenhemd

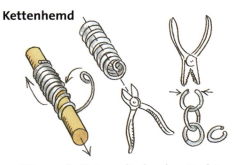

1 Für runde Kettenglieder den Draht um ein Rundholz winden. Spirale vom Holz streifen und längs durchtrennen. Glieder mit der Flachzange schließen.

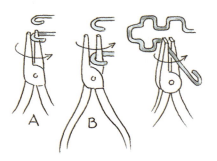

2 Eckige Formen mit der Flachzange biegen, Haken und Ösen mit der Rundzange. Kleine Formen am äußeren Zangenmaulende (A), große am inneren (B) biegen.

MATERIAL „KETTENHEMD"
Aludraht Ø 1 und 2,5 mm
Eisendraht, verzinkt Ø 1 mm
Seitenschneider
Rund- und Flachzange
Biegehilfen (Brett, Rundholz, Stift-Nägel)

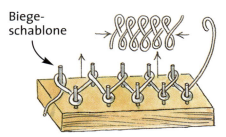

Biegeschablone

3 Für gleichmäßige Formen eine Biegeschablone mit Leiste und Nagelstiften anfertigen. Stifte umwickeln, dann das Gewundene abheben.

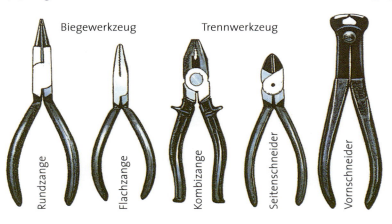

Biegewerkzeug — Trennwerkzeug

Rundzange — Flachzange — Kombizange — Seitenschneider — Vornschneider

127

Metall

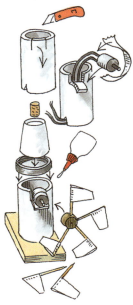

„Lichtmühle" aus Pappröhre, Becher, Korken, Zahnstocher und Papier mit Motor und Solarzelle betrieben.

„Tänzerin" – Nico, 8 Jahre

„Solarobjekte" – 4.–7. Klasse

Lichtspielzeug

Ein Vogelflugplatz und ein Karussell, ein Satellitenkreisel, eine Lichtmühle und die Ballerina nutzen die alternative Kraft der Sonnenenergie zu lustigem Kreiseln und wirbelnden Tänzen.

Zusammen mit einem kleinen Motor und einer Solarzelle hilft die kostenfreie Strahlungsenergie der Sonne, die leichtgewichtigen Spielobjekte in Bewegung zu halten.

128

Solarzellen

Solarzellen wandeln Sonnenenergie direkt in elektrische Ladung um. Sie bestehen aus einer lichtdurchlässigen Plexiglasschicht, einem Gitter von Kontaktbahnen (+Pol), dünnen Silizium-Kristallscheiben und einem verzinnten Boden (–Pol). Fällt Licht auf sie, so wird Gleichstrom erzeugt, der durch die Plus- und Minuskontakte abgeleitet wird. Mehrere Solarzellen können bei Bedarf in Serie (= mehr Spannung/V) oder parallel (= mehr Strom/A) geschaltet werden. Erhältlich sind sie im Elektronikgeschäft von 100 – 800 mA (0,45 V).

Solarmotor

Solarmotoren haben eine geringere Anlaufspannung (12 mA, 0,45 – 5 V) als übliche Modellbaumotoren; doch finden sich auch unter ihnen geeignete Exemplare: Wenn die Motorachse leicht, ohne Widerstand, mit den Fingern drehbar ist, kann man den Motor verwenden. An Anschlusslitzen oder Lötfahnen und mit Schaltdrähten werden die Motoren mit den Solarzellen verbunden.

VERLÄNGERUNG DER MOTORACHSE

mit Knete

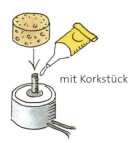
mit Korkstück

mit Verbindungshülse

MATERIAL
Solarmotor
Solarzelle
Kabellitzen

Verbindungen von Solarzelle und Motor

Möglichkeiten der Motorbefestigung

in Knete   mit Gummiband   in einem Holzloch   mit Federstahlkammer   mit Motorsockel

Solar

129

Steinarbeiten

Mosaik

Gipsbinden

Gipsguss · Gipsschnitt

Speckstein

Ytongstein

Gips · Stein

„Dampfer" – Liam, 8 Jahre

Sammeln, suchen, puzzeln

*Der Himmel ist klar und die Fahne steht gerade im Wind.
Mit dem Traumschiff geht die Fahrt übers weite, blaue Meer –
bis zu den Schildkröteninseln.*

Aus einem Vorrat gebrochener Kacheln und zerschlagener Keramik werden Scherben herausgesucht und auf einer Fliese zu einem Dampferbild aneinander geklebt. Die Scherben werden mit Fliesenkleber auf der rauen Seite der Fliese befestigt; die glatte Seite zeigt nach unten. So kann das Mosaik als hitzebeständiger und wasserfester Untersatz verwendet werden, ohne den Tisch zu verkratzen.

132

Mosaik

Brechen und Schneiden

Das Scherbenmaterial wird zwischen Zeitungspapier mit einem Hammer grob zerschlagen. Mit der Mosaikzange zerbricht man passend die großen Stücke. Die Zangenbacken werden etwa 3 mm über dem Scherbenrand angesetzt, dann die Hebelgriffe zusammengedrückt. Beim Brechen und Schneiden müssen Schutzbrille und Arbeitshandschuhe getragen werden!

Kleben

Fliesenkleber wird mit Wasser breiig (wie Kartoffelbrei) angerührt und in kleinen Mengen auf die Scherben gestrichen. Diese werden mit Abständen leicht auf die Fliese gedrückt; erst zum Schluss der Klebearbeit werden sie gemeinsam (mit einer zweiten Fliese) festgedrückt, womit ein unterschiedliches Höhenniveau ausgeglichen wird.

„Kleiner Spiegel mit Ablage" – Franz, 14 Jahre

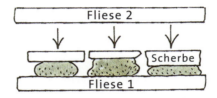

Verfugen

Nach einer Trockenzeit von 24 Stunden wird mit einem Teigschaber über das Mosaik dünnbreiige Fugenmasse verteilt. Nach ca. 20 Minuten wird der Überschuss mit einem feuchten Schwamm entfernt. Nach weiteren 24 Stunden wird der graue Mörtelschleier mit einem sauberen Tuch von den Scherben gewischt. Fugenmassen sind in einer begrenzten Farbskala erhältlich. Durch die Beigabe von Acrylfarbe (Dispersionsfarbe) kann weiße Fugenmasse eingefärbt werden.

SPIEGEL

Die Spiegelkachel ist mit Doppelklebeband, die Scherben sind mit Holzkleber auf einem Spanplattengrund befestigt. Damit die Platte beim Verfugen nicht quillt, wird sie vorher mit verdünntem Holzleim eingelassen. Die Fugenmasse ist mit Acrylfarbe getönt.

ACHTUNG!

Mörtelwasser nicht ins Waschbecken schütten – der Abfluss kann verstopft werden!

MATERIAL „DAMPFER"

Fliese
Keramikscherben
Mosaikzange
Fliesenkleber
Gummimulde
Holzspatel
Fugenmasse (-mörtel)
Schwamm
Wasserschüssel
Tuch

„Schildkröte" – Denis, 12 Jahre
(Mosaik auf gebranntem Ton)

133

Gips · Stein

Eingegipst

Ob Schachtel-Scheuche, drahtiger Rapper, Indianer-Kanuten oder Styroporauto, alle bekommen mit Gipsbinden einen festen Überzug.

Sie werden durch Gips stabilisiert, denn der erstarrende Gips hält Einzelteile zusammen und fixiert Drahtfiguren in ihrer Bewegung.

Glatt gestrichen wird er zu einem idealen Malgrund.
Gewässerte Gipsbinden härten schnell. Sie müssen eilig verarbeitet werden.

Gipsbinden

Drahtfigur „Indianer"

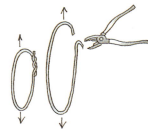

1 Ein 30 cm und ein 60 cm langes Drahtstück zu einem Ring biegen, dann in die Länge ziehen.

2 In den großen Ring eine Schlaufe (Kopf) winden und einen Zwischenraum (Bein) biegen. Eine Schlaufe (Arme) auflegen.

3 Mit Abdeckband die Armschlaufe befestigen und den Drahtkörper umwickeln.

4 Gipsbindenstücke (ca. 3 cm) rasch durch Wasser ziehen und über die Figur legen. Figur auf einer Leiste befestigen und nach dem Trocknen bemalen.

MATERIAL
Eisendraht, verzinkt, ⌀ 0,1 mm
Gipsbinden
Schere
Abdeckband
Schälchen mit Wasser
Leistenstück
Dispersionsfarbe

Figuren, Spielaktion „Kunst und Krempel" – München

135

Gips · Stein

MATERIAL „HAUS"
Stuckgipspulver
Gummimulde
 (Plastikschüssel)
Wasser
Schaschlikholz
Messer
Löffel
Deckfarben
Ton

„Stadthäuser" – 5. Klasse

Mieter gesucht

Trotz sonniger Lage ist das ältere Mehrfamilienhaus aus Gips schwer zu vermitteln, denn die Böden sind schräg, die Wände schief und der Eingang ist so klein wie ein Mausloch.

Gips wird als Kitt- und Bindemittel sowie als Baustoff im Innenbereich verwendet. Bildhauern und Töpfern dient er als Hilfsmittel beim Modellieren und besonders bei Abgüssen, denn er dringt bis in die tiefsten Winkel einer Form vor.

„Pizza" – Emil, 11 Jahre

Gipsguss · Gipsschnitt

Gipsguss „Haus"

1 Ton fingerdick auswalken und Hausform aufzeichnen. Türe, Fenster und Dachziegel mit einem Löffelstiel eindrücken. Die Fassadenplatte ausschneiden.

2 Haus auf große Tonplatte legen und Seiten nach oben schlagen. Mit Tonstreifen alle Seiten zu einem Behältnis schließen.

3 Jogurtdicke Gipsmasse 3–4 cm hoch einfüllen und 1 Stunde aushärten lassen. Den Ton entfernen und das Gipshaus mehrere Tage trocknen lassen. Anschließend bemalen.

Gips

Gipspulver wird aus Gipsstein gewonnen. Das Gestein besteht aus dem natürlich entstandenen Mineral Gipsspat (wasserhaltiges Kalziumsulfat). Durch Brennen wird ihm ein Teil seines Kristallwassers entzogen. Gipspulver nimmt Wasser unter Vergrößerung seines Volumens wieder auf.

Gipsschnitt (Negativschnitt) „Sonnenmedaille"

1 Trockene Gipsplatte auf feuchte Zeitung legen und einen Sonnenumriss einkratzen. Eine Mulde ausschaben und Gesicht und Strahlen einkratzen.

2 Fingerdicken (nicht zu feuchten!) Tonfladen aufdrücken.

3 Ton vorsichtig abziehen und Positivform ausschneiden. Aufhängeloch durchstechen, Tonmedaille trocknen lassen, brennen und glasieren.

SO WIRD GIPS ANGERÜHRT:

1 Teil Wasser in eine Plastikschüssel geben, 1½–2 Teile Gipspulver dazuschütten. Das Wasser ist gesättigt, wenn das Pulver als kleiner Kegel über die Wasseroberfläche ragt oder, locker mit der Hand gestreut, auf ihr schwimmt.
Nach 1 Minute Ruhezeit verrühren und mit den Fingern Klumpen zerdrücken. Gipsbrei sofort verarbeiten! Nach 6–8 Minuten beginnt Gips hart zu werden, nach 15 Minuten härtet er aus.

MATERIAL „MEDAILLE"
Platte aus Alabastergips (Marmorgips), 2–3 cm dick
Kratz- und
   Schabewerkzeug
Messer
Zeitungsunterlage
Ton und Tonglasur

Gips · Stein

Herz aufzeichnen

Grobform sägen

Kanten runden

Oberfläche glätten und polieren

„Robbe" – Andreas, 15 Jahre

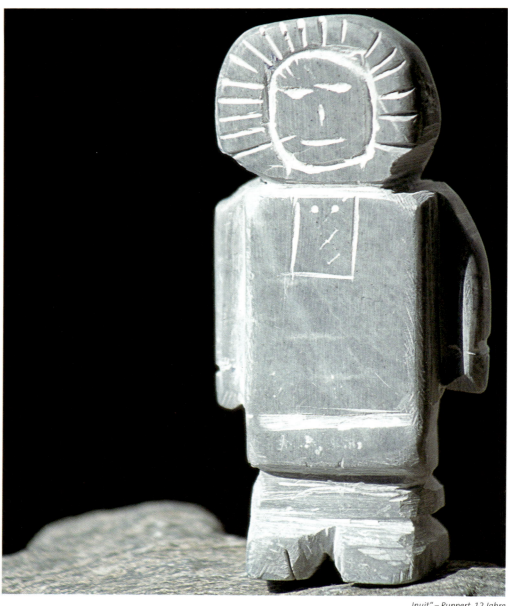

„Inuit" – Ruppert, 12 Jahre

Robbenjäger aus dem Norden

Im traditionellen langen Hemd aus Robbenfell steht der Inuit zur Jagd bereit. Die Ureinwohner der nordamerikanischen Arktis wurden früher „Eskimo" genannt, was „Rohfleischesser" heißt; Inuit hingegen bedeutet „Mensch".

Ihr inniges Verhältnis zur Natur und den Tieren zeigen heutige Inuit-Künstler mit Schnitzereien aus Speckstein.

138

Speckstein

„Autos" – 7. Klasse

„Schmusesteine" – 2. Klasse

„Skarabäus" – 9. Klasse

Speckstein

Das natürliche Gestein ist eine Variante des Minerals Talk (Magnesiumsilikat), mit der Fachbezeichnung Talkschiefer oder Steatit (griech. „steatos" = Fett). In unterschiedlichen Farbtönen wird er weltweit abgebaut und seit dem Altertum bearbeitet.

Seine Weichheit (Härtegrad 1), die leichte Bearbeitungsweise und seine unterschiedlichsten Färbungen und Strukturen haben ihn zu einem beliebten Material für Skulpturen gemacht.

Die Industrie verwendet ihn als Talkum bei der Glas-, Farben- und Papierherstellung, ferner für hochwertige Elektrokeramik und als Grundstoff für Kosmetika (Puder, Zahnpasta).

Speckstein hat ein hohes spezifisches Gewicht. Er ist in unterschiedlich großen Bruchstücken erhältlich.

Da beim Bearbeiten des Steins feinster weißer Puderstaub entsteht, sind ein Arbeitsplatz im Freien und die Lagerung auf einem nassen Tuch am günstigsten. Zum Fixieren kann der Stein auf einem Sandsack gelagert werden.

Durch schichtweises Abtragen von außen nach innen wird der Stein mit denselben Werkzeugen wie Holz bearbeitet: Gerade Schnitte mit der Säge schaffen die Grobform, Raspel und Feile runden und nivellieren die Kanten. Schleifschwämme oder Schleifmatten glätten und polieren die Oberfläche.

Durch Auftragen von Öl-Wachs (Steinpolitur) bekommt die Plastik einen seidenmatten Glanz, die Steinfarbe wird intensiv und Strukturen werden sichtbar.

MATERIAL
Filzstift
Sägen aller Art
Raspeln und Feilen
Ritzwerkzeug (Vorstecher)
Schleifschwamm
  (Schleifmatte), grob, fein
Öl-Wachs, Poliertuch
nasses Tuch

„Fisch" – Katharina, 12 Jahre

139

Gips · Stein

„Kopf" – Henry, 10 Jahre

„Flora" – Veronika, 14 Jahre

Flora

Die Göttin der Blüten und des Frühlings lässt ihr wachendes Auge auf den Pflanzen im Garten ruhen. Leise flüstert sie ihnen zu: „Ihr sollt wachsen, blühen und gedeihen!"

Ytongstein

Die Gartenplastik wird aus einem Block Ytong-Stein geschnitten. Die Luftporen des Steins werden mit Spachtel und Fugenkitt geschlossen, die Oberfläche wird glatt gestrichen. Nach dem Trocknen wird die Figur mit Dispersionsfarbe bemalt. Ein Überzug aus Klarlack kann sie noch wetterfester machen.

Arbeiten mit Ytong-Stein

Große Blöcke können mit der Säge geteilt werden. Wie bei der Arbeit mit Speckstein, wird die grobe Umrissform mit einem Stift markiert und mit der Säge zugeschnitten. Damit nichts von dem weichen Stein abbrechen kann, sollte das Motiv nicht zu feingliedrig, sondern kompakt sein. (Wird beim Sägen verkantet, sprengen leicht ganze Partien ab!) Der ideale Arbeitsplatz liegt im Freien. Eine angefeuchtete Zeitung oder ein nasses Tuch als Unterlage sorgen auch in geschlossenen Räumen für Staubreduktion und die anfallenden Brösel können samt Unterlage leicht entsorgt werden.

„Katze" – André, 15 Jahre

Ytong-Stein

Ytong-Steine sind wärmedämmende Leichtbausteine aus Gas- oder Porenbeton und im Baustoffhandel erhältlich. Ihre Herstellung geschieht unter Verwendung natürlicher Rohstoffe, wie Quarzsand, Kalk, Zement und Wasser. Durch Zugabe einer geringen Menge Aluminiumpulver reagiert die Mischung wie Kuchenteig auf Backpulver – es bilden sich Luftporen. Der Baustoff wird in verschieden große Steinblöcke geschnitten, die danach unter Hitze und Druck dampfgehärtet werden.

MATERIAL
Ytong-Stein
Zeitung (oder Tuch), feucht
altes Küchenbesteck
Schraubenzieher
Vorstecher
altes Stemmeisen
Hammer
Großer Nagel
Raspeln und Feilen
Fuchsschwanz
Feinsäge
Universalsäge
Bleistift

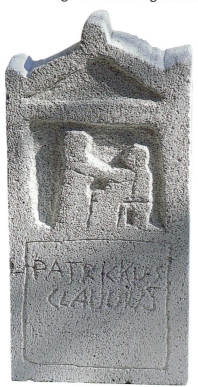

„Römischer Grabstein" – Patrick, 11 Jahre

„Auto und Dampfer" – 3. Klasse

141

Register

Hier finden Sie alle Techniken alphabetisch geordnet.

Aquarell · 28

Blech, gedrückt · 124
Bleistiftzeichnung,
   Buntstiftzeichnung · 8

Deckfarben · 30
Dispersionsfarben · 38
Draht, gebogen · 126

Faltschnitt · 70
Federzeichnung · 20
Fensterbild · 72
Fließbilder · 46
Filzen · 116
Filzen – Kugel · 117
Filzen – Rolltechnik · 118
Filzen – Schnur · 116
Filzen – Vorfilz · 120
Filzstiftzeichnung · 10
Frottage · 14

Gipsbinden-Plastik · 134
Gipsguss, Gipsschnitt · 136
Golddruck · 65

Hinterglasbild · 44
Holz · 104
Holz – Ausstemmen · 108
Holz – Sägen · 104
Holz – Raspeln, Feilen · 106
Holz – Verbindungen · 110
Holzbeize und Ölkreide · 42

Kartoffelstempel · 58
Karton, kaschiert · 100
Kartondruck · 64
Kartonradierung · 65
Knete, selbst gemacht · 87
Knetwachs · 88
Kleisterpapier · 96
Kleisterpapier – Tiere · 96
Kleisterpapier – Figuren · 98

Leuchtfarbe · 40
Linoldruck · 60
Linoldruck –
   Schwarzfigurenschnitt · 60
Linoldruck – Weißlinienschnitt,
   Weißfigurenschnitt · 60
Linoldruck –
   Verlorener Schnitt · 62

Marmorpapier • 51
Materialdruck • 65
Mehrfachschnitt • 71
Monotypie • 56
Moosgummistempel • 59
Mosaik • 132

Ölkreide • 12
Öltunkpapier • 50

Papierschöpfen • 74
Papierschöpfen –
  Sprenkelpapier • 74
Papierschöpfen mit
  und ohne Schablone • 76
Pastellkreide • 16
Plastilin • 86
Pulpe • 82
Pulverfarbe • 36
Punzieren • 125
Pustespurenbild • 49

Rollspurenbild • 49

Scherenschnitt • 68
Schwarzes Theater • 40

Sgraffito • 22
Sgraffito mit Acrylfarbe
  und Ölkreide • 24
Sgraffito auf Goldkarton
  mit Ölkreide • 23
Sgraffito mit Tusche
  und Ölkreide • 22
Sgraffito mit Wachs
  und Deckfarbe • 25
Solartechnik • 128
Speckstein • 138
Stoffbatik mit Gutta • 53

Tonarbeiten • 90
Ton – Figuren • 90
Ton – Hohlformen • 92
Ton – Plattentechnik • 94
Tropfbatik • 52
Tuschezeichnung • 20

Wachsmalkreide • 14

Ytongstein • 140

Zuckerwasserkreide • 18

Bibliografische Information der Deutschen Bibliothek

Die Deutsche Nationalbibliothek verzeichnet diese Publikation in der Deutschen Nationalbibliografie. Detaillierte bibliografische Daten sind im Internet über *http://dnb.d-nb.de* abrufbar.

4 3 2 1   15 14 13 12
2012 Ravensburger Buchverlag Otto Maier GmbH
Postfach 1860, 88188 Ravensburg
Alle Rechte, auch die des auszugsweisen Nachdrucks, der foto-mechanischen Wiedergabe und der Übersetzung, vorbehalten.
Illustrationen: Tilman Michalski
Fotos: Ute Michalski
Umschlagfotos: Ute Michalski; iStockphoto (Imgorthand)
Umschlaggestaltung: Eva Bender
Redaktion: Susanne Wahl
Printed in Germany

ISBN 978-3-473-55343-3

www.ravensburger.de

Dank an Monika Gerber für den „Verlorenen Schnitt" (Seite 62/63), den „Kicker" (Seite 98) und die drei Großfiguren (Seite 99).